make-up like
Korean actress
/

読むだけで韓ドラヒロインに近づける

大人の
韓国女優メイク

ヘア&メイクアップアーティスト
石川ユウキ

主婦の友社

PROLOGUE

はじめに

僕が長年美しいと感じ、研究してきた韓国女優の顔。
ヘア&メイクアップアーティストとして、
どうやったらメイクで日本女性が、韓国女優のような顔立ちになれるのか研究してきました。
その結果、目や唇などのパーツメイクではなく、
まずは骨格を近づけることこそが韓国メイクの本質であると気がつきました。

キラキラのまぶた、真っ赤なリップ、真っ白に塗ったファンデ……
頭の中にある〝韓国メイク〟はいったん忘れてください。
それがこの韓国女優メイクのスタートラインです。

「韓国メイクってこんな感じでしょ」「私にはこの色しか似合わない」
大人になると自分が培ってきたスキルと慣れと勘を頼りに
メイクをしてしまいがちです。

make-up like
Korean actress
/

読むだけで韓ドラヒロインに近づける

大人の
韓国女優メイク

ヘア&メイクアップアーティスト
石川ユウキ

ですが新しいメイクを始めるときは、まずはそのこり固まった
〝自分だけの当たり前〟をとり払うことが重要なのです。

いちばん最初に料理したときを思い出してください。
オリジナルのアレンジは加えず、レシピどおりにつくりませんでしたか。
韓国女優メイクもそこから始めてほしいのです。

そうすれば、おのずと新しい自分に出会えるはず。
この本を通して今まで知らなかった
自分の美しさを引き出していきましょう。

ヘア&メイクアップアーティスト
石川ユウキ

BEFORE

あっさりとした
薄顔の方こそ

メイクなら
美人度が上がる！

AFTER

骨格矯正＆韓国風ナチュラルメイクで
ここまで変われます！

韓国女優
盛ってないのに

できるなら**メイク**で
韓国女優顔に近づきたい

메이크업으로 한국 여배우 같은

얼굴이 되고 싶어

韓国ドラマで見る美しい顔立ちの女優たち
透き通るような白い肌、涼しげなまなざし、色気のある唇……
日本とは違う独特なオーラに惹かれて鏡に向かってみる
今日が新しい自分に出会うための1日目

「今日どうしたの？」じゃなく
「今日キレイだね」って言われる
そんな韓国メイクが大人の理想

make-up like Korean actress

求めているのは

ギラギラしたアイドルメイクじゃなく

“ナチュラルなのに美しい”そんな韓国女優顔

ときには恋愛ドラマに出てくる

清楚なヒロインのように

ときにはサスペンス映画に出てくる

パワフルなヒロインのように

その日の気分で

いろんな韓国女優メイクを楽しまなくちゃ！

CONTENTS

CHAPTER 03

オフィスでも浮かない！

盛ってないのに美人度が高まる 韓国女優顔風デイリーメイク

CHAPTER 04

なりたい印象・お悩み別で解説！

韓国女優顔に近づくためのパーツ別メイク

CHAPTER 05

シーンに合わせカラーやラメで遊び心をプラス

韓国女優顔風休日メイク

CHAPTER 06

〝元から美人〟は日々の習慣がつくる！

韓国女優級のスッキリ小顔＆パッチリＥＹＥに！ 骨格矯正マッサージ

CHAPTER 07

メイクだけでなく髪型も女優風にアプローチ

韓国女優ヘアはカットで骨格補正する

CHAPTER 08

いつものヘアが簡単にこなれて見える！

韓国女優風小顔ヘアアレンジ

CHAPTER 01

韓国女優はなぜ美しく見えるのか？

美しさの根源は〝骨格の違い〟にある！

憧れの韓国女優顔になりたいけれど、何から始めるべきかわからない。
だからこそ、まずは“韓国女優の美しさとは何なのか”をひもときたいと思います。
美しいと感じるポイントや一般的な日本女性との違いを知ることで、
とり入れるべきメイクの方向性が見えてくるはずです。

韓国女優に魅了されるワケ

ここ数年で何度も繰り返しおこる韓流ブーム。韓国ドラマ『愛の不時着』や『梨泰院クラス』の人気をきっかけに、今まで韓流ブームとは無縁だった方が、韓国カルチャーや俳優に興味を持つことも多くなったように感じます。

そして韓国ドラマを見て、韓国女優たちの美しさに憧れる方も多いのではないでしょうか。透き通る肌に、つややかな髪、すらっと伸びた手足、そして何よりも顔立ちの美しさに見とれてしまいます。

とはいえ、アジアの中でもそこまで大きな違いを感じない、日本人と韓国人の顔立ち。メイクだって、韓国も日本もどちらもナチュラルで、そんなに差はないように感じてしまいます。それなのに、よくある韓国メイクを試しても、なぜか韓国女優のような雰囲気にはなれない。それは同じように見えて、実は大きな違いが存在するからなのです。

ではどうやったら韓国女優のような顔になれるのでしょうか。

研究を重ねた結果、たどり着いた答えが「骨格の違い」です。日本ではパーツメイクに重点を置く方が多い一方で、韓国はベースとなる骨格をキレイに見せることを大切にしているのです。

その骨格がもともと生まれ持ったものなのか、美容整形で手に入れたものなのか、そこは重要ではありません。むしろ整形する方が多いといわれるのも、韓国女性の多くは、ベースとなる輪郭や肌を美しく見せることが、美への近道だと気づいているからだと思います。つまり韓国女優のようになりたかったら、まずはベースを整えることが必須なのです。美容整形もミリ単位で顔の印象がガラリと変わるといわれていますが、メイクでも1~2㎜変えて見せられます。**整形しなくても骨格を韓国女優に近づけることはできるのです！**

一見わからないような、ほんの少しの骨格の違いにこそ

トリコになる理由が詰まっている！

横顔の違いを比較！

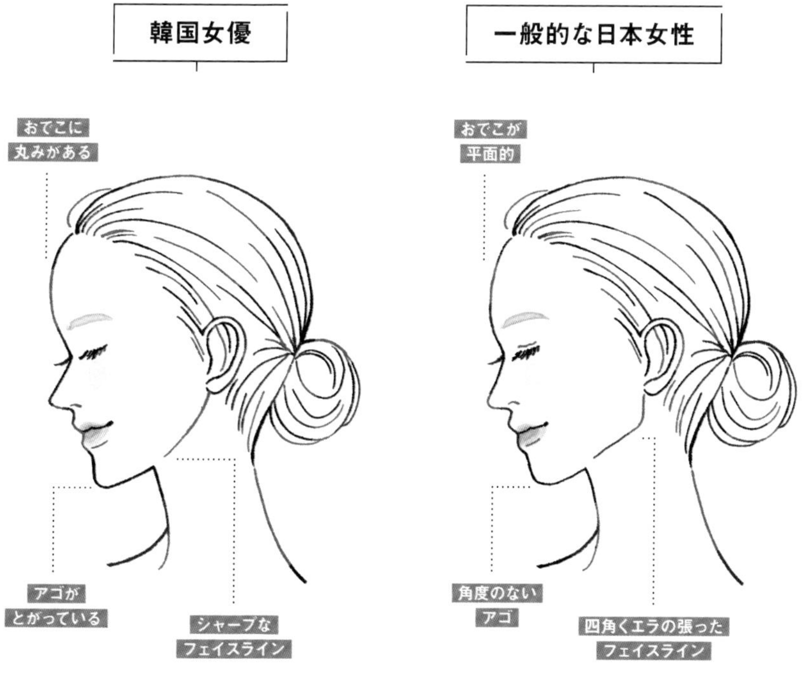

韓国女優の多くは、丸みのある輪郭をしています。特におでこの丸みが重要。横から見るとわかりやすいのですが、韓国女優の多くは**おでこが前にふっくら出ていて、頭の形が卵のようなフォルムをしている方が多い**のです。直線よりも曲線のほうが柔らかく感じるように、丸みがあることで、より女性らしい印象を手に入れることができます。美しさには欠かせないシルエットの一つなのです。そして、おでことは対照的に**アゴがとてもシャープな方が多い**です。わざわざアゴをとがらせるためにアゴ先にボリュームを足す整形をする方もいるほど。こういったしっかりした**丸と三角のコントラストにより、360度どこから見ても輪郭がきれいに見えるのです**。このことを念頭に置いておくと、ベースメイクの方法がガラリと変わってきます。

正面の違いを比較！

韓国女優　　**一般的な日本女性**

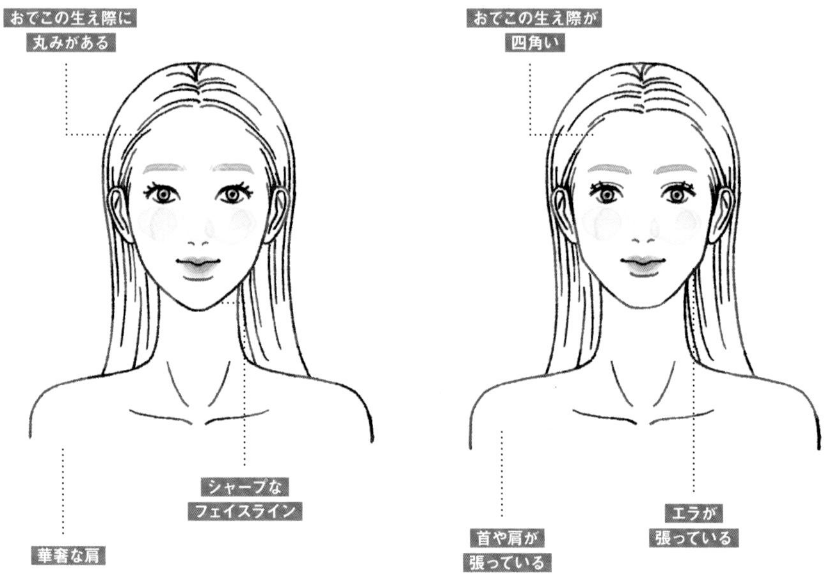

正面から見たときにも違いがあります。たとえば韓国女優の**おでこの丸みは正面から見てもわかります。**骨格に丸みがあるだけでなく、ヘアカットでもうぶ毛を大事にしていて、正面から見ても楕円形になるよう意識している方がとても多いです。

そして、フェイスラインが決定的に違います。**正面から見てもエラのないシャープな逆三角形で、アゴ先はシュッととがっているのです。**可愛らしい印象を好む日本女性に比べ、シャープでクールな印象を求める傾向にあるのが韓国女性です。

そしてアゴが細いだけでなく、首から鎖骨にかけて華奢な方が多い印象です。デコルテラインまでを顔ととらえ、華奢に見せることが大事だと感じている方が多いのではないでしょうか。

輪郭の違いを知ることで、メイク前のベース作りが大きく変わる

このように韓国女優と一般的な日本女性の骨格には、小さなことのようで、実は大きな違いがあることをわかっていただけましたか?

韓国女優のようにもともと卵形の美しい輪郭であれば、シェーディングなどでアゴを削る必要がありません。ですが、**一般的な日本女性の平面的な丸顔や四角い顔であれば、まずはベースを卵形に近づける必要があるのです。**

そして、その丸みやシャープなアゴのラインを活かすことこそが、美しく見せるコツなのです。

だから俗にいう「韓国メイク」をそのままマネしても同じような顔には仕上がりづらいでしょう。クッションファンデを使ったり、キラキラのラメをつけたり……韓国の方がしていることをそのまますするだけでは、ただのマネメイクで終わってしまいます。

だからこそ、**まずはベースとなるキャンバスを韓国女優に近づけること。これこそが韓国女優のような美しさを手に入れる第一歩なのです。**

目元の骨格の違いを知ることで

より韓国女優に近づける！

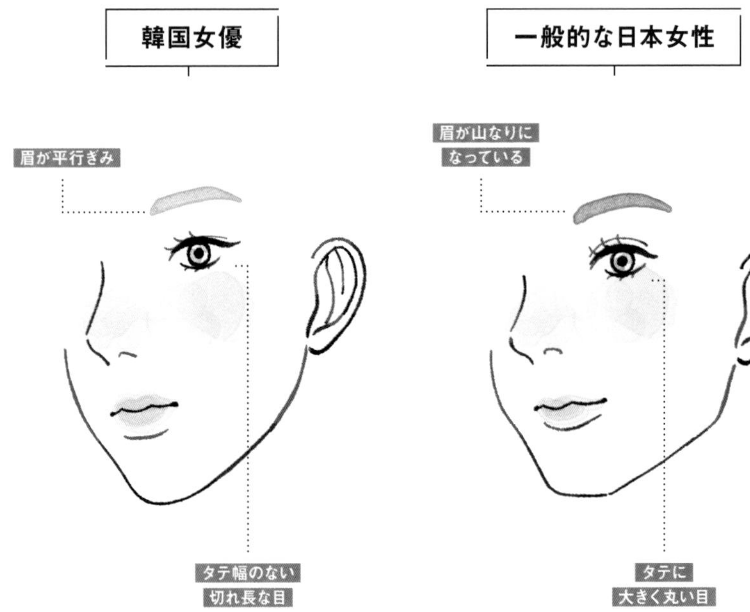

目元の骨格にも違いがあります。韓国女優は日本女性に比べて、一重、奥二重まぶたの方が多く活躍しているように思います。シュッとした小粒であっさりした目元を活かしたメイクをする方が多いのです。ですがそれほど目が小さく感じないのは、全体のバランスのよさと、眉に違いがあるからだと思います。

山なりのアーチ形の眉が多い日本女性に比べて、**韓国ではまっすぐで太い平行眉が基本です**。一重、奥二重まぶただと目と眉の距離が遠いため、自然とその距離を縮める平行眉が主流になったのかもしれません。**目力が強くなり、小粒であっさりした目元の魅力がより引き出されます**。

目元メイクは骨格とは関係ないととらえている方が多いかもしれませんが、韓国女優顔になるにはベースの段階で整えておくことが重要なのです。

日本は〝可愛い〟を、韓国は〝キレイ〟を目指している

一般的な日本女性と韓国女優の骨格の違いを述べてきましたが、さらにもうひとつ違うことがあります。それはなりたい印象の方向性が違うということ。日本女性が幼い〝可愛らしさ〟を目指す傾向にある一方、韓国女性は大人っぽい〝キレイ〟を目指す傾向にあります。ファッションでいうとふわっとしたロングスカートでガーリーな雰囲気を好む日本女性、スキニーパンツでセクシーにボディラインを強調する韓国女性。このようになりたいテイストに大きな差があるのです（もちろん個人差はありますが）。

これは**メイクに置き換えると、色の選び方や色を入れる場所に大きく関係してきます**。たとえば、日本女性は目を丸くし、チークをしっかり入れ、幼く可愛いイメージに見せることが多いのです。しかし、韓国女性はアイラインを横に長く引き、チークはほとんど入れないなど、クールな女性らしさを目指す傾向にあります。だからこそシャープなフェイスラインや一重、奥二重まぶたを活かすメイクが似合うのだと思います。そしてキレイに見せたいからこそ、ピンクではなくオレンジを選択し、チークで丸みを出すのではなく、ツヤで肌に丸みを出すなどのテクニックが生まれてきたのだと思います。そういったこともあって、韓国女優に色気を含んだ魅力を感じるのかもしれません。

〝韓国メイクとは骨格矯正〟骨格をメイクで変えるという認識が韓国メイクのスタートライン！

ここまで書いてきたことからおわかりのように、韓国メイクとは骨格を整えることなのです。

骨格に違いがあることに気づけていないと、どんなにパーツメイクを頑張っても、韓国女優のような顔立ちには近づけません。

よくティーン向けの韓国メイク本などで、K-POPアイドルのように、肌を真っ白にする、目元にキラキラを足す、アイラインを太く描く……などのテクニックが紹介されています。間違ってはいませんし、しっかりとした濃いメイクの場合、パーツメイクをマネするだけで、雰囲気を近づけることはできるかもしれません。ですが、韓国女優のメイクは大変ナチュラルなため、ただただパーツメイクをマネするだけだと、ただのナチュラルメイクで終わってしまい、まったく韓国らしさを感じられないことでしょう。

だからこそ、**まずはベースの違いを認識すること、そしてベースを整えること＝骨格矯正することから始めるべきなのです。**

逆にいうと、骨格矯正メイクさえできれば、パーツメイクでは多少手抜きをしても韓国女優のような顔立ちに近づけます。

このことから、本書で紹介しているベースメイク法には少し突飛なテクニックも登場します。ですが、そのくらいメイクのテクニックを変える、意識を変えるということが大事になってきます。

今までの固定観念を変える勇気を持つことが、変化への第一歩です。

さあ、憧れの韓国女優のような顔に近づくロジックがわかりましたね！

ということで、ここからは韓国女優メイクの具体的なテクニックを紹介していきます！

CHAPTER

02

大事なのはアイメイクでもリップでもない！

骨格づくり＝ベースメイクこそ韓国女優顔への近道

韓国女優に近づくためにいちばん大切なのが骨格を整えること。

「骨格は美容整形をしないと変えられない」そんなふうにあきらめないで。

メイクでも十分印象を変えることができるのです。

どうやったら変えられるのか、詳しい方法をレクチャーします！

“このベースメイクさえ覚えれば
韓国女優顔に近づける！”

骨格矯正メイクの3法則で韓国女優顔はほぼ完成！

韓国女優のような骨格を手に入れるためのベースメイク法を、
3つのポイントで解説します。これが本書の中で最も重要な
メソッドです。今まで当たり前だと思われていた
ベースメイクテクニックや手順とは異なるので、
ここでしっかり習得してもらえると嬉しいです。
これさえ押さえれば、韓国女優顔はすぐそこ！

- 法則 -
01

ファンデの前の下地＆シェーディングでとんがりアゴに！
華奢な骨格が韓国女優顔の証

頬から下は首

韓国女優に欠かせないおでこや頬、こめかみなどのふっくらとした丸み。それを表現するために、肌が白くなるパール入りの下地を丸くしたい部分に仕込みます。顔全体に塗るとのっぺりして顔が大きく見えますが、ポイントで塗ると、部分的に光を集め前に出ているように見えます。一般的には次にファンデを重ねますが、骨格矯正メイクでは塗らず、先に頬から下を削るイメージでシェーディングを入れます。その後でファンデを塗ります。「やりすぎでは？」と思うくらい広範囲を削る気持ちで入れないと、韓国女優のようなシャープなフェイスラインは手に入りません。“頬から下は顔ではなく首”という意識改革から始めてください！ ファンデを塗る順番を変えることで、老け顔の原因となる厚塗りを回避できます。下地とシェーディングでメリハリがつけられるので、ファンデの量が格段に少なくて済みます。

ベースづくりがとても重要なメソッドになるので試してみてください！

- 法則 -

02

丸みこそ韓流美人

ファンデを丸く塗って、
つるんと丸みのあるフォルムに

ファンデも丸く塗るのが大事です。面でベタッと塗るのと比べ毛穴が消えてムラのない肌となり、丸みをより強調できるからです。法則1で頬の下までシェーディングを入れました。せっかくのシェーディングの上にファンデを重ねると、影がなくなってしまいます。それってもったいないですよね。ですからなるべく少量のファンデを、できるだけ狭い範囲に塗ります。これで明暗のコントラストがつき自然な立体小顔を演出できるのです。

とはいえ韓国メイク＝ファンデをしっかり塗ったヌケのない肌、というイメージがあると思います。これを30代以上の大人がすると、かなり厚化粧に見えてしまうのです。最初にシェーディングをしているのは厚塗りを回避するためでもあります。ファンデはしっかり塗らないと不安に感じるかもしれません。ですが、実際にやってみると、「ファンデってこの量でも足りるんだ」と気づけると思います。

眉と涙袋でアイメイクはほぼ完成

アイメイクなどのポイントメイクは韓国女優メイクにおいてスパイスでしかありません。ティーンのように濃いアイメイクで目力をつけようとすると、韓国女優には近づけません。できるだけナチュラルに仕上げるため、ベースメイクの段階で眉と涙袋を整えて、目元に自然な凹凸を生み出すことが重要なのです。

最大のポイントは眉頭から眉の中央くらいまで、目の上の骨に沿って直線的なラインを描くこと。地眉の位置を無視してかまいません。そうすることで、どんな眉の生え方でも、韓国女優のような平行眉になり、後のアイメイクが際立ってきます。

さらに目の下に涙袋をつくることも大切です。30代以上の大人だと、涙袋をそこまで重要視していない方が多いかもしれません。ですが、目の下がふっくらしていると、小さな目が自然に大きく、若々しく見えるのです。西洋人のようなくっきりとした立体感ではなく、あくまでも自然な、“元から立体感がある風”を演出することが韓国女優メイクには必須です。

- 法則 -

03

地眉無視の眉下ライン&コンシーラー涙袋で韓国女優風の“大きくなくても印象的な目”に

- 法則 -
01

ファンデの前の下地&シェーディングでとんがりアゴに！

華奢な骨格が韓国女優顔の証

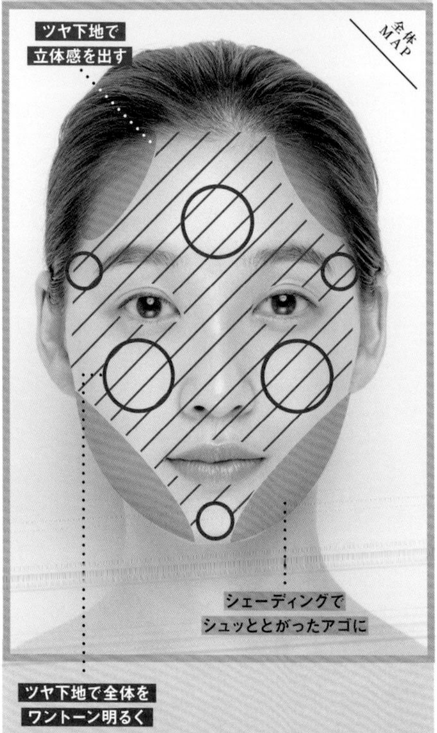

1 淡いピンクに色づく下地で肌色をトーンアップ

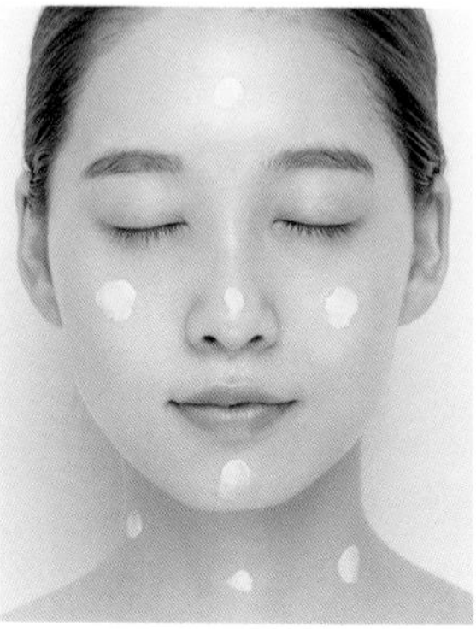

Use it

A

透明感のあるクリアなもっちり肌に

UVイデア XLプロテクショントーンアップ ローズ（SPF50+・PA++++）30ml 3,740円／ラ ロッシュ ポゼ くすみのない肌に導くUV下地。

パール粒大の**A**を手にとり顔に点で置く。指で全体にのばして肌の色ムラを整え、保湿しておくことでみずみずしい肌に。顔だけが浮いて見えないように首までしっかり塗っておく。

とがらせ小顔に

4 クリームファンデーションを頬の下までのばして小顔に

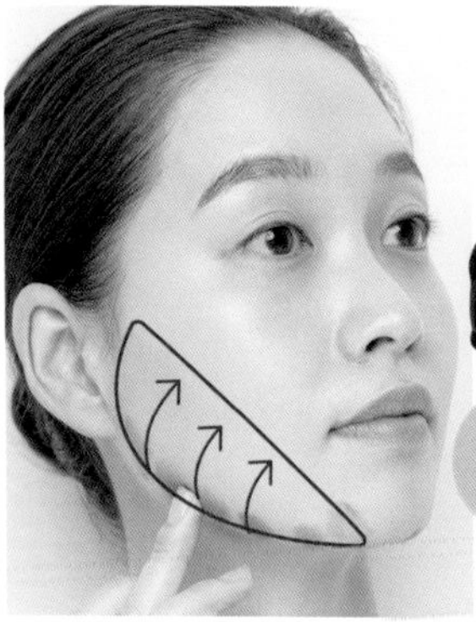

肌にしっかり密着して生っぽい自然な陰影に

C

ケイト　レアペイントファンデーション N 101（SPF35・PA++++）1,980円（編集部調べ）／カネボウ化粧品（店舗限定発売）カバー力抜群のレア質感ファンデ。

Cのクリームファンデをシェーディングとして使い、フェイスラインの骨の上にのせる。指で頬までのばして影をつけ、フェイスラインをシュッと華奢に。

BASE ／ 顔の中央にツヤ下地を塗り、輪郭を縮小

2 ポイントで肌色を白くして 輪郭に丸みと立体感を出す

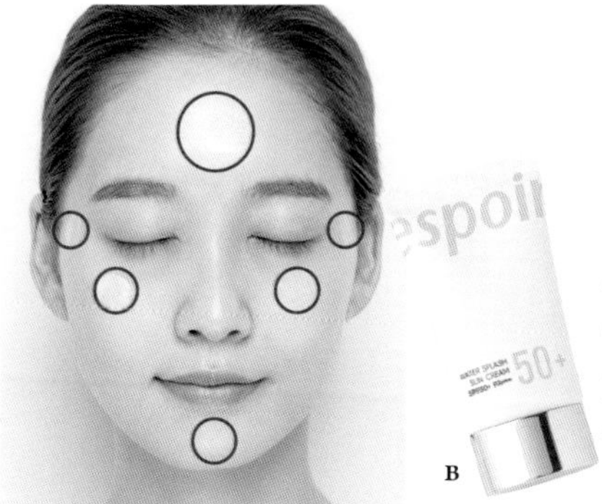

韓国白肌が叶う
パール入りのツヤ下地

B

Bを、おでこ、頬の高い位置、こめかみ、アゴに丸くのせる。白くすることで膨張して見え、韓国女優のようなふっくら丸みのある輪郭を演出。

エスポア ウォータースプラッシュサンクリーム（SPF50・PA+++） 60ml 2,420円／PLAZA ツヤのある白肌になる化粧下地。

3 軽く微笑みながら指で丸く 塗りこんで丸みを強調

下地を指で丸く円を描くようにのばしてなじませる。軽く笑いながら塗ると頬の高い位置を確認しやすい。顔全体にのばすとのっぺりして顔が大きく見えるから注意！

SHADING ／ 質感違いのシェーディングで、アゴを

5 おでこにも影をつくって おでこの丸みを強調する

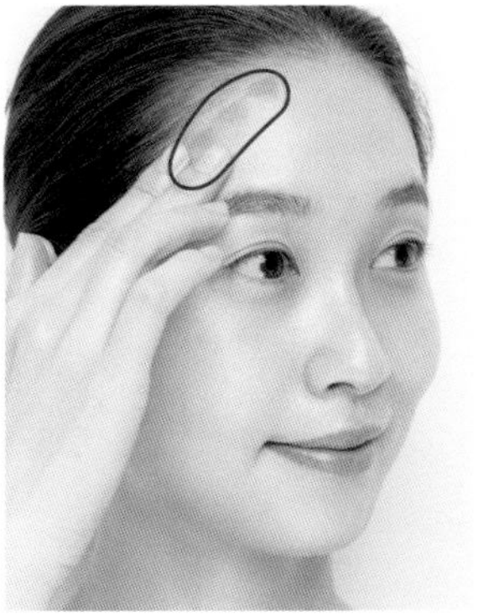

おでこの生え際にも**C**をのせ、指で内から外にのばしてなじませる。おでこの中心には塗らないことでおでこの丸みを強調。

6 シェーディングパウダーを 重ね自然なとんがりアゴに

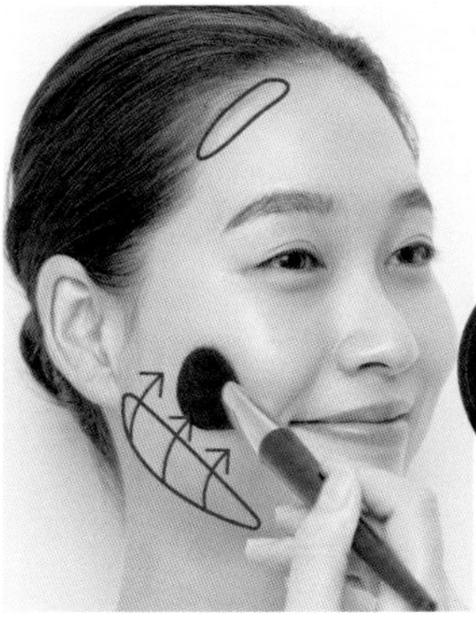

3色を合わせることで
自然な立体小顔に

D

too cool for school アートクラス バイロダンシェーディングマスター 2,090円／PLAZA 薄づきで失敗知らずのシェーディングパウダー。

4と5で塗ったシェーディングの外側半分の範囲に**D**を筆で3色混ぜてON。質感の違うものを重ねることで、より奥行きが生まれる。

ある立体感を生み出す

1 クッションファンデを全方向に塗り毛穴を埋める

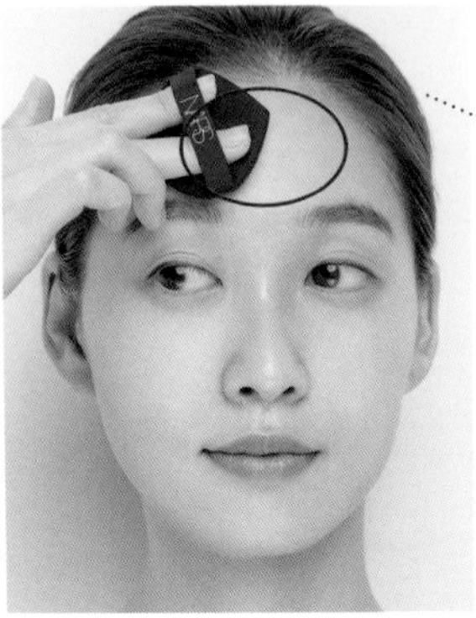

手元で量をコントロール

ファンデをスポンジにとったら手の甲を軽く叩いて、スポンジになじませる。

Aをおでこに丸く塗る。スポンジを一方向に動かすのではなく、上から下、下から上、右から左、左から右など全方向に細かく動かしながら塗ることで毛穴がしっかり埋まって陶器肌に。

4 目の周り以外に軽くパウダーをのせ崩れを防止

Bを筆にとったら目の周り以外に軽くのせる。おでこや頬、小鼻などファンデ崩れが気になるところにも重ねる。目の周りは立体感がなくなってしまうので塗らないで。

- 法則 -
02

ファンデを丸く塗って、つるんと丸みのあるフォルムに

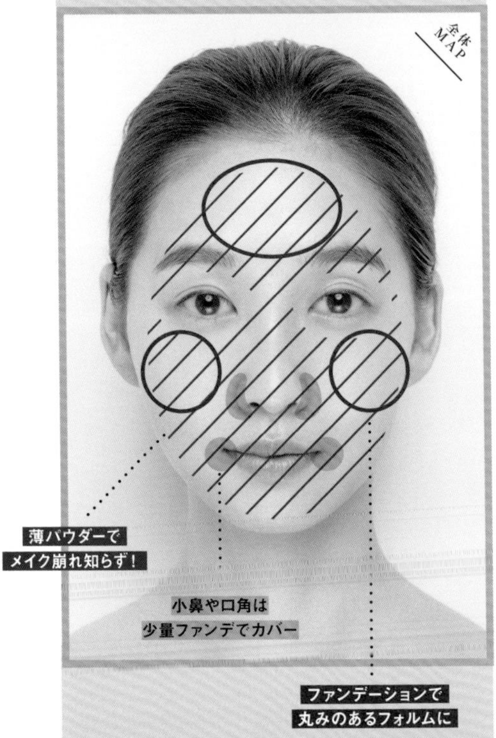

薄パウダーで
メイク崩れ知らず!

少量ファンデでカバー

FOUNDATION ／ 丸く、細かくファンデを塗り、丸みの

2 頬も丸く塗って ふっくらとした丸みを強調

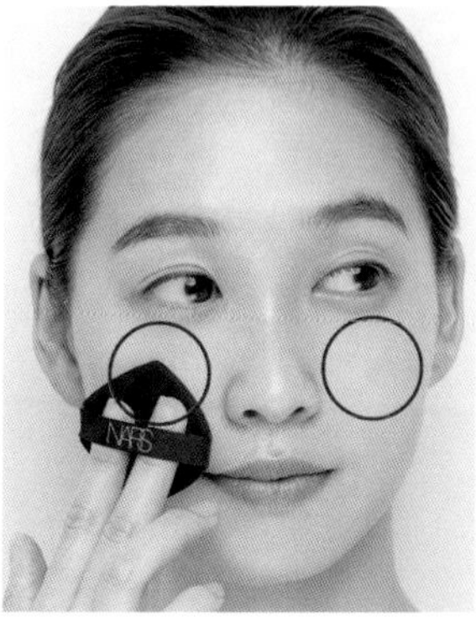

A を頬にも丸く塗る。下地の段階でシェーディングを頬の下まで入れているので、ファンデは頬の中央だけに。ファンデの量が少なくて済むので厚塗り防止にも。

3 小鼻や口角など自分が 気になる部分だけカバー

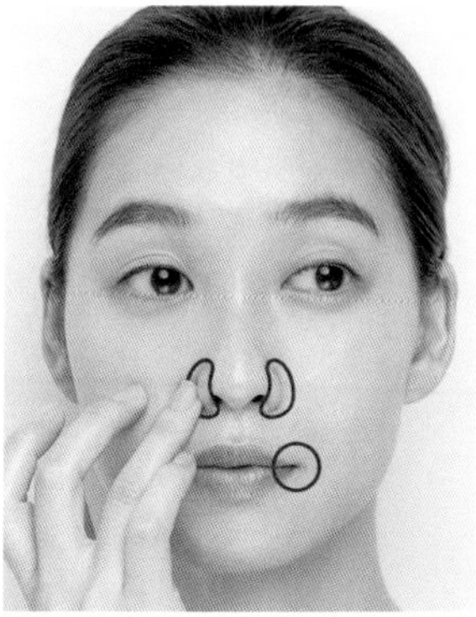

最初に手の甲で調節したファンデを指にとる。小鼻の周りや口角などカバーしたい部分にのせ叩いてなじませる。シェーディングとの境目もなじませ自然な仕上がりに。

Use it

光を反射してツヤのあるグローな美肌に

A

ピュアラディアントプロテクション アクアティックグロー クッションファンデーション（SPF50+／PA+++）00508 5,170円（レフィル・スポンジつき）、ケース 1,430円／ともにNARS JAPAN　素肌感のあるフレッシュな肌に仕上がるクッションファンデーション。

皮脂・汗による崩れを一日中防いでくれる

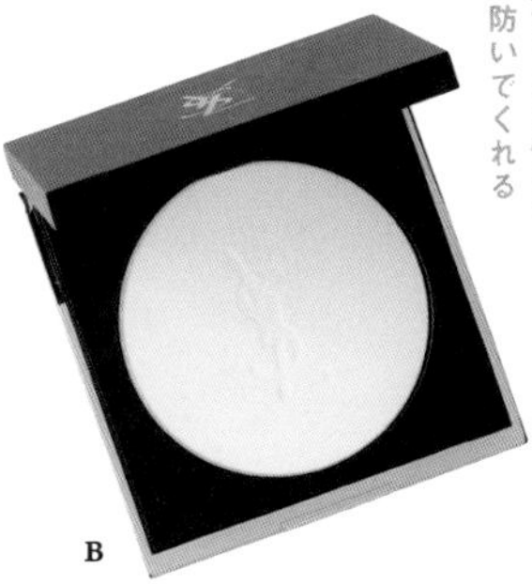

B

アンクル ド ポー オール アワーズ セッティングパウダー ユニヴァーサル 7,150円／イヴ・サンローラン・ボーテ　あらゆる肌トーンとマッチするフェイスパウダー。

- 法則 -
03
地眉無視の眉下ライン&コンシーラー涙袋で韓国女優風の〝大きくなくても印象的な目〟に

を引き締める

1 眉頭に眉を描くための下描きラインを仕込む

SUSIE N.Y.
A

超極細の芯だからピンポイントで描き足せる

A で眉の下に一本一本毛を描き足すようにラインを引く。目の骨に沿って眉頭から黒目の上中心くらいまで。目と眉の距離が近くなることで目力が増して、平行眉が描きやすくなる。

スージー スリムエキスパートSP 01 1,320円／KISS ME P.N.Y.（伊勢半） 肌なじみのいいブラウンのアイブロウペンシル。

若々しい目元に

4 明るい色のコンシーラーで涙袋をふっくらさせる

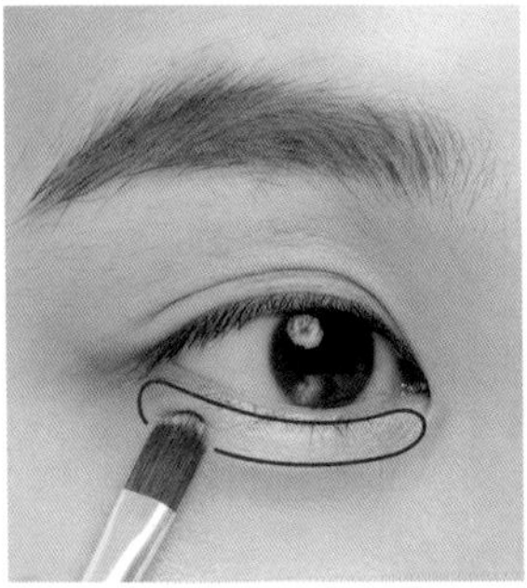

素肌感を残しつつ肌悩みもカバーできる4色セット

1
2
3
C

C-1+2 を筆にとって、下まぶたの中央から左右にのばしてなじませる。アイメイクを薄くするために、ベースの段階で涙袋をふっくらさせて目力をUPさせるのが大事。

トーンパーフェクティング パレット 01 1,000円／コスメデコルテ 肌に密着して長時間よれないコンシーラーパレット。

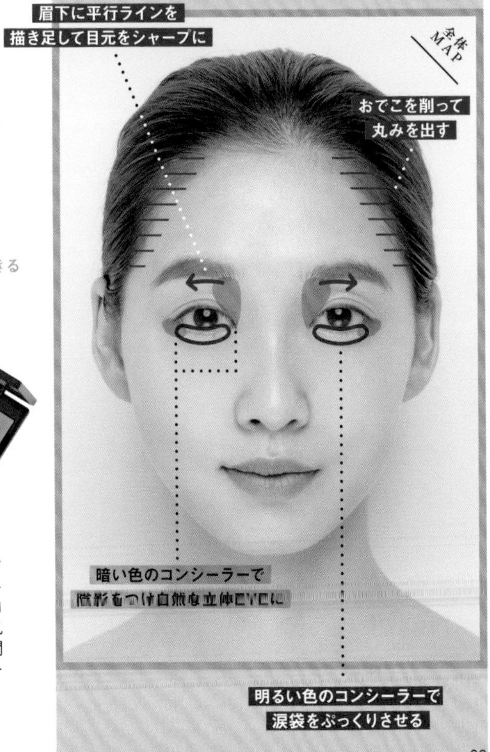
眉下に平行ラインを
描き足して目元をシャープに
全体MAP
おでこを削って
丸みを出す
暗い色のコンシーラーで
陰影をつけ自然な立体EYEに
明るい色のコンシーラーで
涙袋をぷっくりさせる

EYEBROW ／ 眉下の平行ラインで腫れぼったい目元

2 地眉の色を薄くするため明るい色を眉にのせる

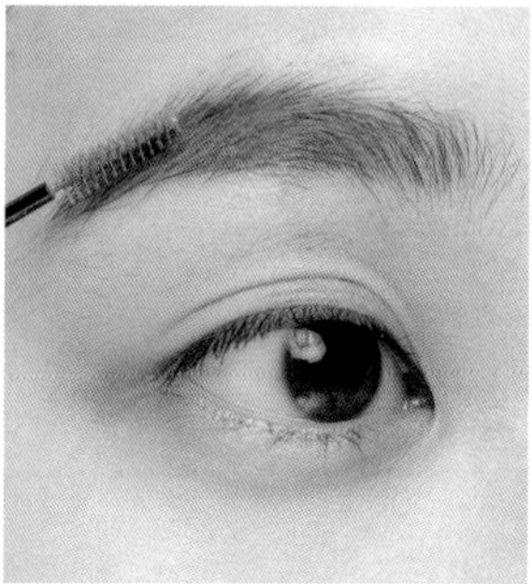

Bを眉全体にのせ、地眉の色を明るくし存在感を減らす。眉メイクをする際に地眉に惑わされずに形を描き足すことができる。

韓国女優のような
ヌケ感のあるふわ眉に

B

デジャヴュ アイブロウカラー アッシュブラウン 880円／イミュ
眉を固めず色づけてふんわり眉に仕上げる眉マスカラ。

3 「生え際までが眉」という認識でうぶ毛を描き足す

眉を描き足すついでに、Aでおでこの生え際にも毛を描き足す。一本一本毛を描き足して自然な小顔を演出。

EYEBAG ／ コンシーラーで涙袋をぷっくりさせ

5 目尻と眉下に陰影をつけ目元に奥行きを出す

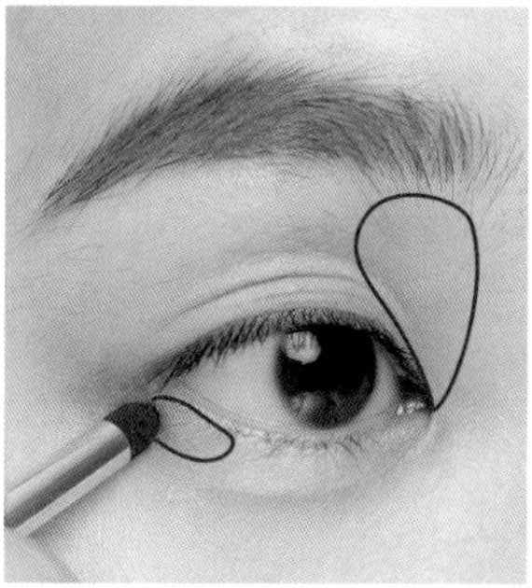

下まぶたの目尻1／3と眉頭から目頭にかけてC-2をのせる。濃い肌色のコンシーラーを塗ると自然な影になり、ホリが深く、涙袋にも奥行きが出て目元に立体感が！

6 コンシーラーを涙袋の下にのせクマをカバー

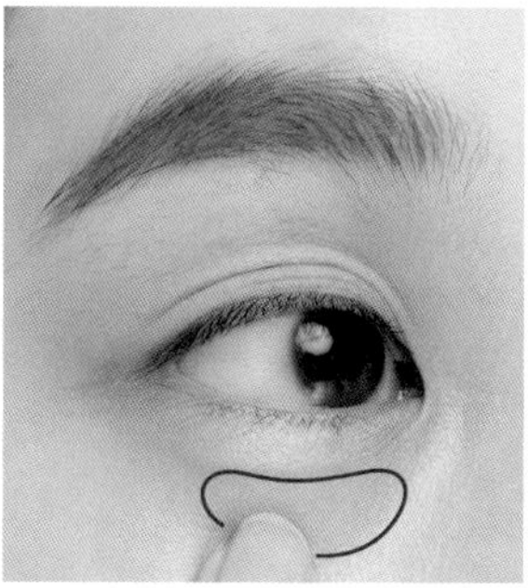

クマが気になる人は、C-3を指でクマ部分にのせ叩いてなじませる。涙袋に塗った色と違う色を塗ることで涙袋のふっくら感はキープ。

をチェンジ！

するために、肌質をコントロールするのも重要。
より韓国女優のムードを高めてみて！

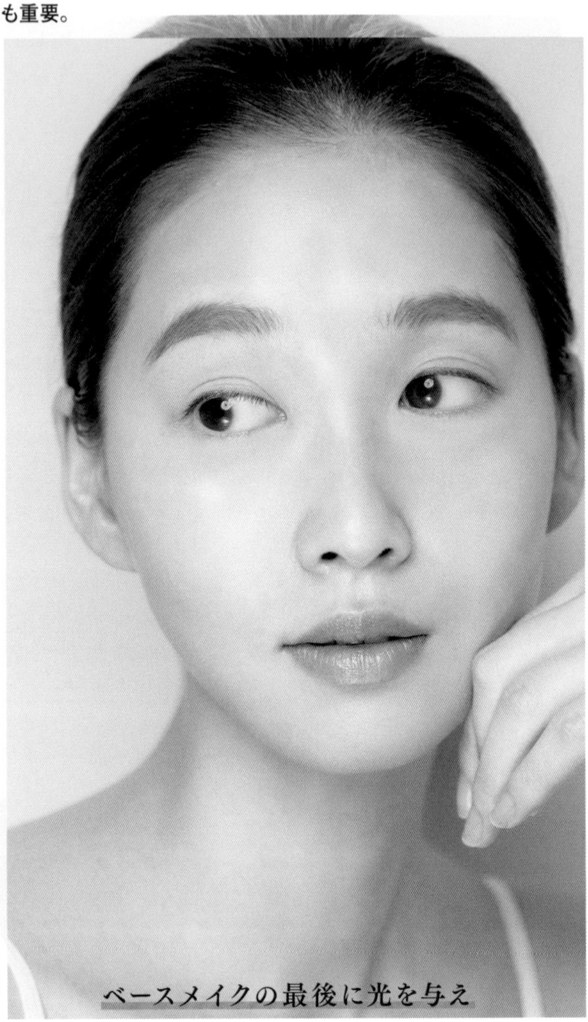

1 練りハイライトをプラスして光を集める

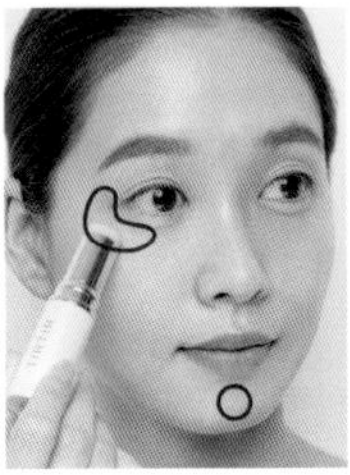

p.32-37の3法則が終わったら、**A**を目尻横のCゾーンとアゴ先にのせる。指で叩いてなじませツヤを出す。粉っぽくならない練りハイライトでツヤを足して。

---

2 パウダーではなくスプレーで密着させる

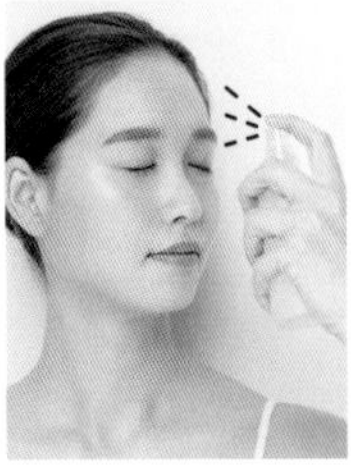

Bを顔全体に吹きかけてメイク崩れを防止する。パウダーを重ねるとせっかくのツヤが失われるのでスプレーで仕上げるのが正解。

Aティルティル マイグロウハイライター 3,080円／ティルティルジャパン 自然なツヤを与えるハイライトスティック。 **B**VAVI MELLO ブラーセッティングメイクアップフィクサー 1,540円／DHOLIC COSME メイク崩れを防ぐフィニッシングスプレー。

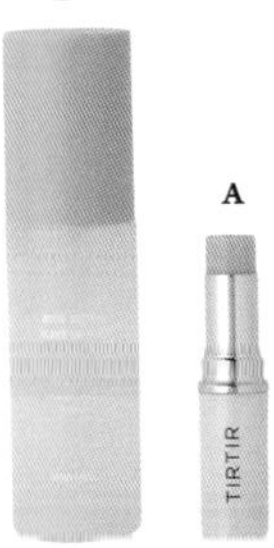

ベースメイクの最後に光を与え
水分たっぷりのツヤぷる肌に

ムルグァン肌

韓国メイクを語る上で欠かせないのが、
内側から光を発光しているようなみずみずしい肌
＝ムルグァン肌。まるで赤ちゃんの肌のようなプリっとした
グローな肌質でフレッシュな印象に！

+αでもっと
韓国女優肌

メイクで肌質

メイクをさらに美しくオシャレにアップデート
まずはツヤ肌とマット肌をマスターして

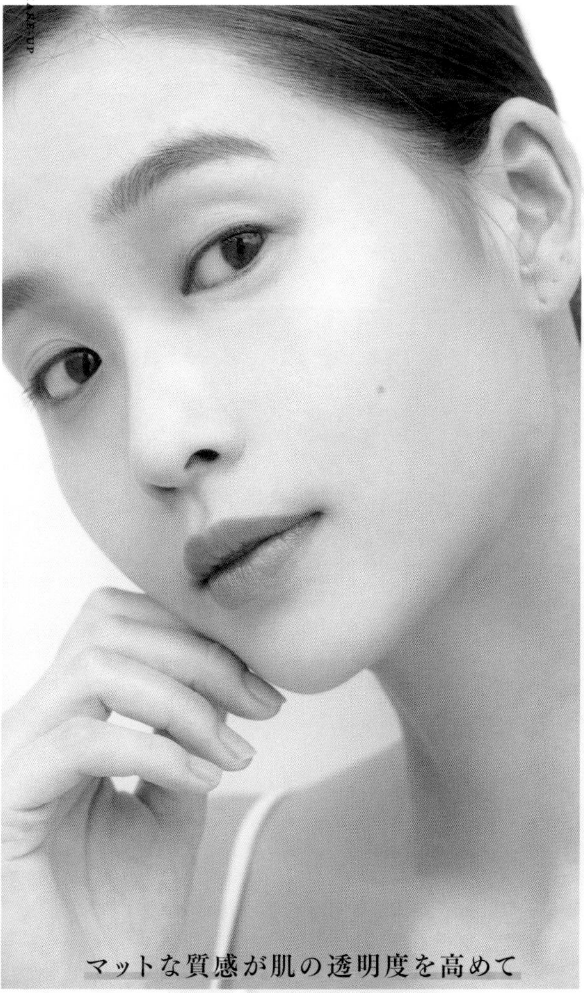

1 サラッと下地を仕込んでテカリ・毛穴をカバー

p.32-37の3法則の前に小鼻やTゾーンなどテカリが気になる部分にだけ**C**を塗る。このひと手間で毛穴レスなマット肌に。

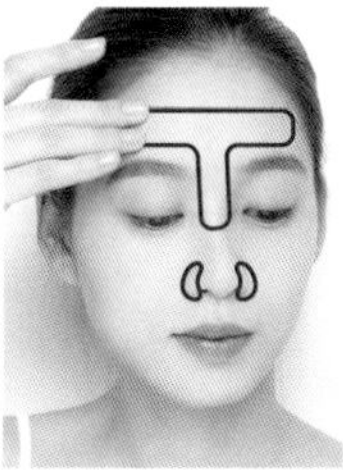

2 パウダーで仕上げてふんわり質感が実現

p.34のファンデの後に**D**を顔全体にのせる。皮脂をおさえてくれ、長時間たってもテカリのない陶器肌に。首や生え際まで塗って。

マットな質感が肌の透明度を高めて
少女のようなウブ肌に

クァンク肌

毛穴や油分を感じない、さらっとした肌も韓国女優の特徴。
とはいえ塗りすぎていない素肌を感じる
スベスベ感のある肌が今のトレンド。そんな
クァンク肌で飾らない美しさを手に入れて。

D

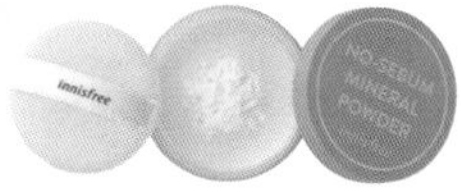

C

Cピュア キャンバス プライマー ブラーリング 50ml 4,950円／ローラ メルシエ　テカリ、毛穴をカバーする化粧下地。 **D**ノーセバム ミネラルパウダー N 825円／イニスフリー　余分な皮脂を吸着してくれるマルチパウダー。

SKINCARE

〝素肌の美しさこそ
韓国美人の象徴〟

今からでも
間に合う！

毛穴もくすみも感じさせない！
韓国女優風
色白美肌のつくり方

素肌を美しく保つことこそ、韓国女優メイクに欠かせないステップ。
曇りのない白肌をつくるために、メイク前のスキンケアを見直して
明るくクリアな白肌を手に入れましょう。
韓国女優メイクをする上で、普段からとり入れているテクニックを
韓国コスメとともにご紹介します。

化粧水&パックのW保湿で 乾燥知らずのもっちり肌に!!

1 ふき取り化粧水で 角質をオフ!

Aをコットンにたっぷりとる。顔全体にすべらせ保湿しながら、表面の余分な汚れや角質をオフ。力を入れすぎないよう注意。

時短派は パッドでも OK

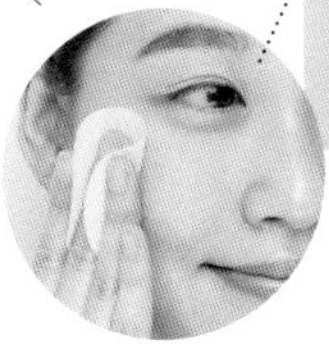

韓国女性定番の、化粧水をしみ込ませた丸形のパッド。コットンに化粧水を含ませる手間が省けるので、めんどくさがりの方は**B**のパッドを活用して!

2 乾燥こそメイクの敵! マスクでうるおいを補給

Cでしっかり保湿する。肌が乾燥するとその分皮脂が分泌されてメイクが崩れてしまうので、メイク前にしっかり保湿が必須。

韓国でもトナーでも大人気のもっちり肌に

A

Klairs　サプルプレパレーションフェイシャルトナー 2,200円/WISHTREND公式 Qoo10店　肌のキメを整えてくれる保湿トナー。

肌に刺激を与えず 毛穴&角質ケアができる

B

ゆずプロバイオティクスブレミッシュパッド 3,120円/アビブ　分厚い両面パッドで角質に優しくアプローチ。

肌の油分・水分バランスを 整えてくれるドクダミ配合

C

ドクダミ95%マスク（1箱5枚入り）1,300円/オングリディエンツ　韓国でも話題のドクダミ成分を配合したパック。

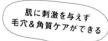

アイクリーム＆オイルで
シワのない白磁器のようなツヤ肌に

3 アイクリームを投入して ハリのある目元に

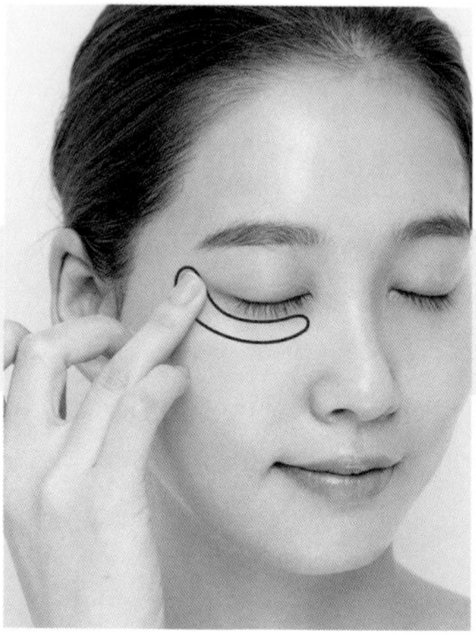

Dをパール粒大指にとって、目頭下から目尻に塗る。このひと手間で若々しいふっくらした目元が長時間持続！　目元の小ジワ対策にも。

▼

もっちりバターで明るくシワのない目元に

D

ヨモギアイバター 25g 4,200円／ビープレーン　目元にハリとうるおいを与えてくれるアイクリーム。

4 オイルでフタをして 水分を閉じ込める

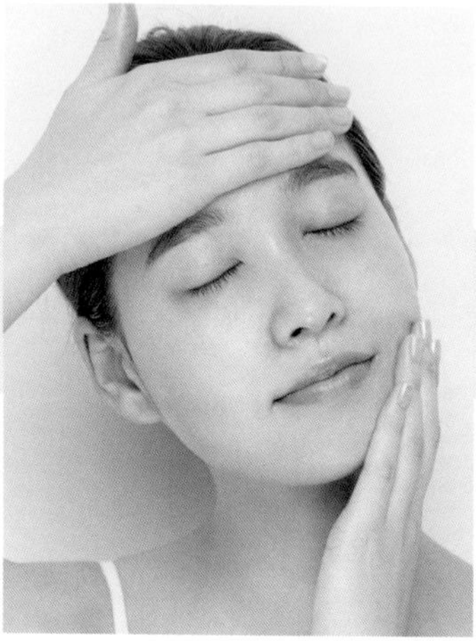

Eを10円玉大手にとり、手でしっかりなじませる。ここまで肌に浸透させた水分が蒸発しないようにオイルでフタをする。

▼

100％ヴィーガンオイルで肌の角層までうるうるに

E

ベージック ルーセントオイル 35ml 6,600円／サンク　軽いテクスチャーでツヤ肌に導くルーセントオイル。

サンクリーム&イオンの力で 日焼けもメイク崩れも撃退！

5 日焼け止めは 耳やうなじにも忘れずに！

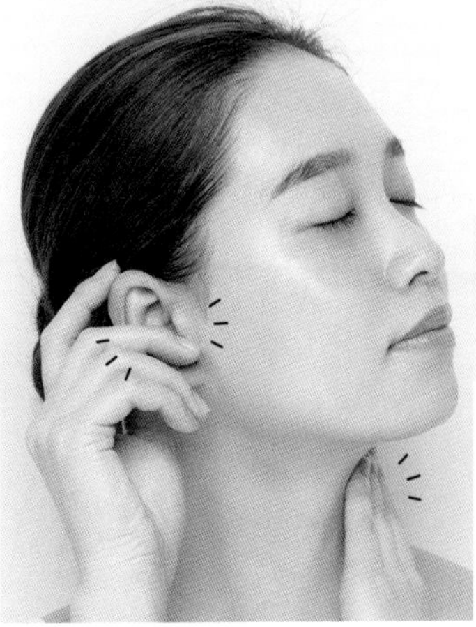

韓国女性が必ずといっていいほど塗っているのが日焼け止め。顔はもちろん焼けやすい耳の上やうなじにも塗ってぬかりのない白肌に。

F

トーンアップ ノーセバム サンスクリーン（SPF50+・PA++++）50ml 1,584円／イニスフリー　サラサラ肌に仕上がる化粧下地兼用の日焼け止め。

6 スキンモード搭載ドライヤーで スベスベ肌仕上げ

Gをスキンモードにして顔に約1分当てる。肌をクールダウンさせつつ、うるおいをキープし、しっとり肌に仕上げる。

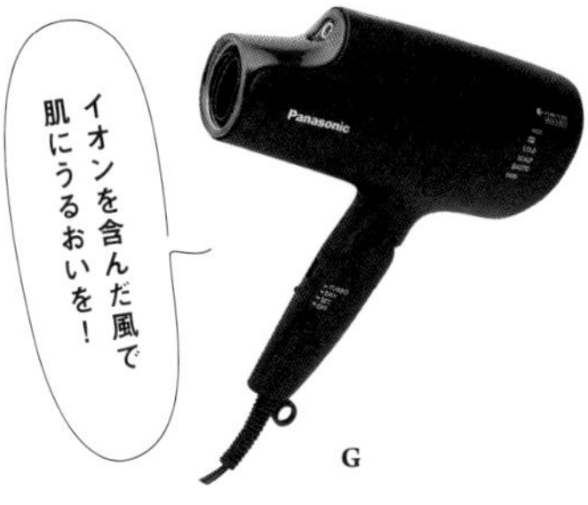

G

ヘアードライヤー ナノケア EH-NA0G オープン価格／パナソニック　イオンの力で髪も肌もツルツルに。肌の水分量を維持するスキンモード搭載。

CHAPTER

03

オフィスでも浮かない！

盛ってないのに美人度が高まる 韓国女優顔風 デイリーメイク

「韓国メイクは派手だから会社にはしていけない」そんなふうに特別視していませんか？ 韓流ドラマのヒロインのように、ナチュラルなのに品と色気とを感じさせるメイクなら、オフィスではもちろんデイリーメイクとしてもぴったり。そんな、毎日できる韓国女優メイクをお届けします。

Daily Make-Up

01

ヌケ感ベージュEYE × じゅんわりグラデLIPで

ナチュラルなのに色っぽい 王道韓国女優顔

ベージュシャドウとグラデリップという韓国女優メイクに欠かせないポイントを押さえることから始めましょう！ メイクが濃いわけではないのに、強いまなざしと色っぽい唇で品のある、王道の韓国女優風ナチュラルメイクの完成です。

Make-up Point

Eyebrow
アッシュ系ブラウンで
平行眉に

Cheek
ほんのりピンクで
ツヤをプラス

Eye
薄づきベージュ
×オレンジで
印象的な目元に

Lip
マットリップクリームで
定番のグラデリップに

Eyebrow

아이브로우

p.32-37の“3法則”を終えてからメイクスタート

1

下書きラインと地眉の隙間をペンシルで埋める

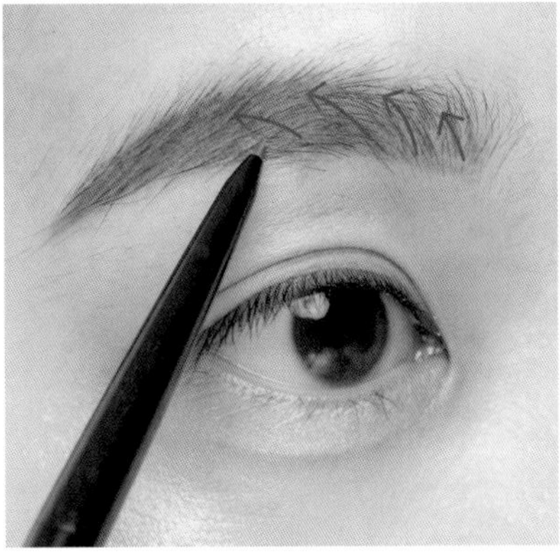

骨格矯正メイクの3法則に従い眉下に下書きラインを描いてあるので、**A**でそのラインを起点に一本一本毛を描き足す。毛がない部分も埋める。

2

眉頭の上にパウダーをのせて平行眉に！

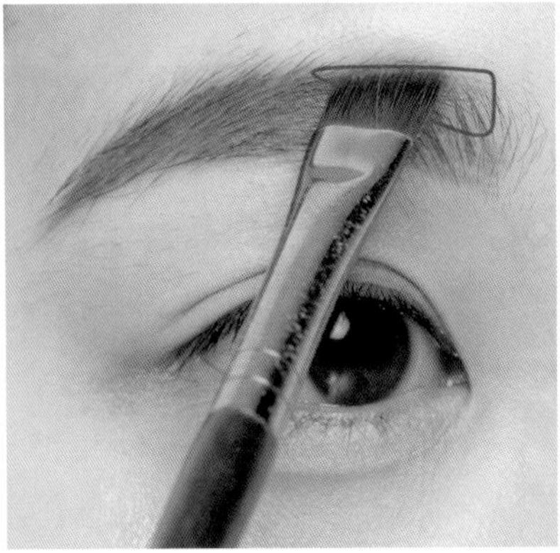

平行眉にするため、**B-1+2**を筆にとって、眉頭の上の部分にのせる。眉頭に薄い色をのせることで自然な毛流れに。

Use it

A

極細の芯で眉毛を一本一本自然に描き足せる

スージー スリムエキスパートSP 01 1,320円／KISSME PNY（伊勢半） 眉尻までシャープに仕上がる超極細芯のブラウンアイブロウペンシル。

B

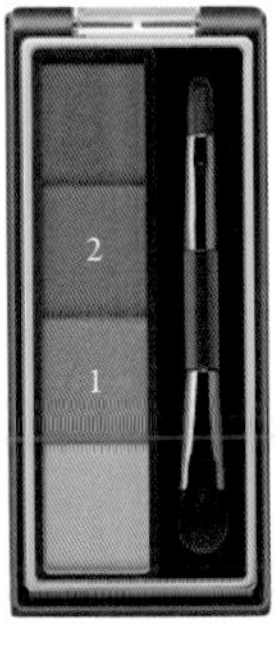

濃淡4色の眉パレットで自由自在になりたい眉に

エクセル スタイリング パウダーアイブロウ SF01 ナチュラルブラウン 1,430円／常盤薬品工業 しっかり色づきふわ眉に仕上がる眉パウダー。

ポイントで描き足して韓国女優顔の下がりぎみ平行眉に

3

シャープな眉尻でタレ眉のやぼったさを払拭

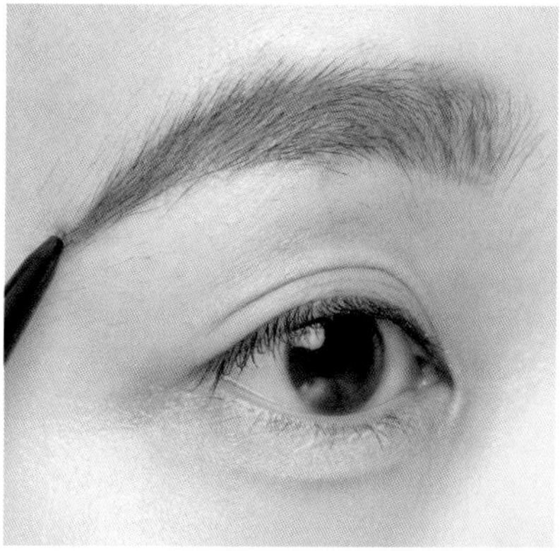

Aで眉尻を描き足しシュッととがらせる。眉尻の先は眉山より下位置に。タレ眉で顔がぼやけて見えないようシャープな眉尻が必須。

4

眉の周りにコンシーラーをのせてキリッと感UP！

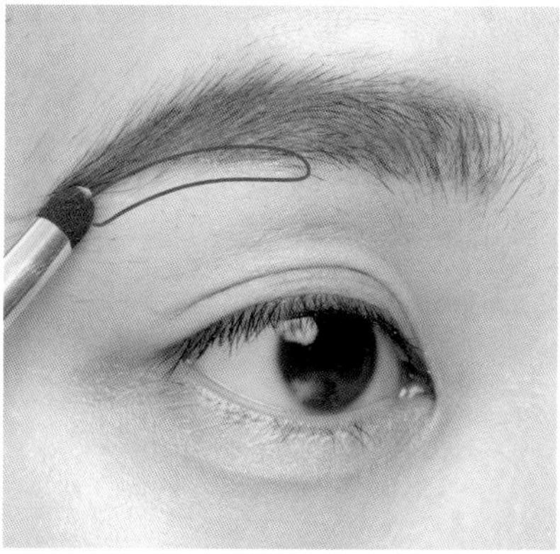

C-1+2をチップにとって眉の周り、特に眉尻の輪郭をふちどるようにのせる。眉がキレイに仕上がってよりキリッとした印象に。

C

キャンメイク カラーミキシングコンシーラー 02 825円／井田ラボラトリーズ　肌色に合わせ、混ぜても使えるカラーバリエーション。

自分に合ったカラーをつくってアラをカバー

Eye shadow
아이섀도우

1

薄ベージュで
平面まぶたに自然な陰影を

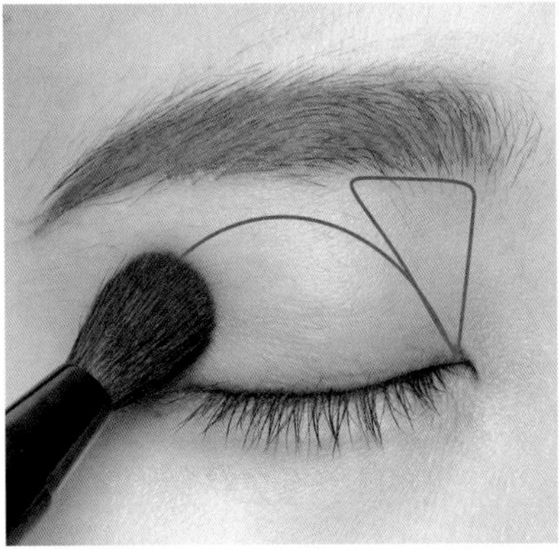

D-1を、アイホール全体&眉頭下のくぼみから目頭に向かってノーズシャドウを入れるようにON。ほんのりベージュで自然な影をつける。

2

目尻に濃い色をのせて
切れ長感をさらに強調

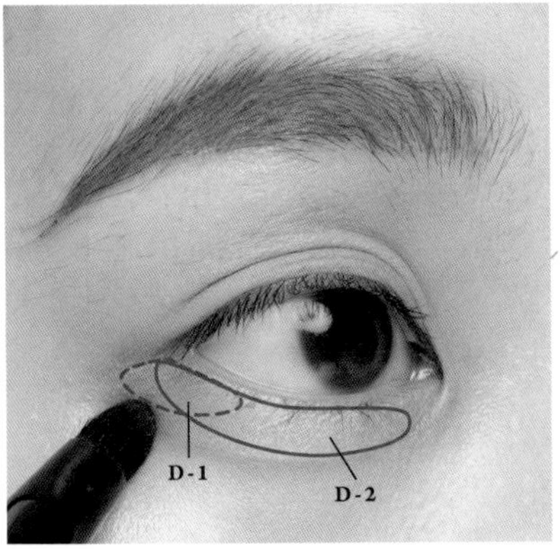

D-2を下まぶた全体に、**D-1**を目尻3分の1に広めに重ねて、自然な影をつける。目尻をブラウンで引き締めることでデカ目に。切れ長感もUP。

Use it

D

質感の違うベージュ&ブラウンが9色セットに

デイジーク シャドウパレット 07 4,100円／PLAZA
ブラウン、ベージュ、マット、ラメなど捨て色なしのアイシャドウパレット。

淡い色で狭い範囲の影を調整し 平面EYEを印象的に

3

マットなブラウンを重ねて ナチュラルな立体感を演出

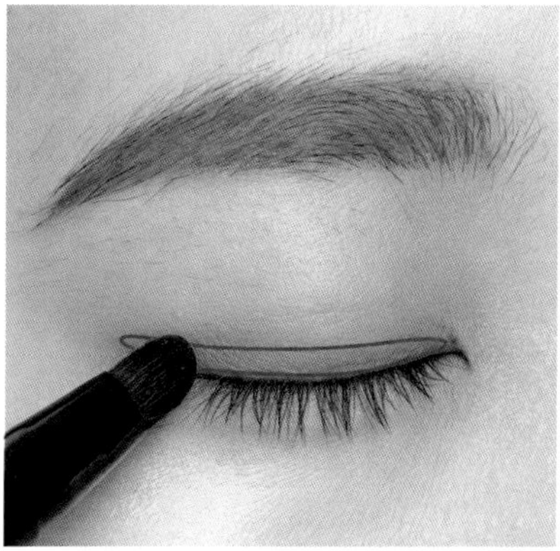

D-3を二重幅のキワに重ねて引き締める。目尻から目頭に向かってのせることで、目尻側が濃く太くなり切れ長感が高まる！

4

ポイントオレンジで 韓国女優感を高めて

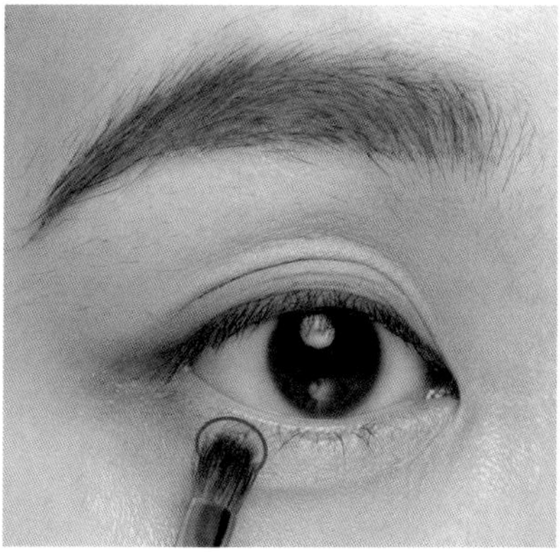

Eを2でのせたベージュとブラウンシャドウの間にポイントでのせる。オレンジシャドウで少しだけ遊び心を加えるのが韓国女優風。

E

濡れたような光とツヤで立体感のある目元に

ルナソル グラムウィンク 01
3,520円／カネボウ化粧品 オイルベースの単色アイシャドウ。ツヤオレンジで抜け感を。

Eyeline

아이라이너

目尻だけハネ上げ綿棒でボカした切れ長のまなざしで韓国女優感UP！

1

アイラインは細くムラなくちょっとハネ上げ

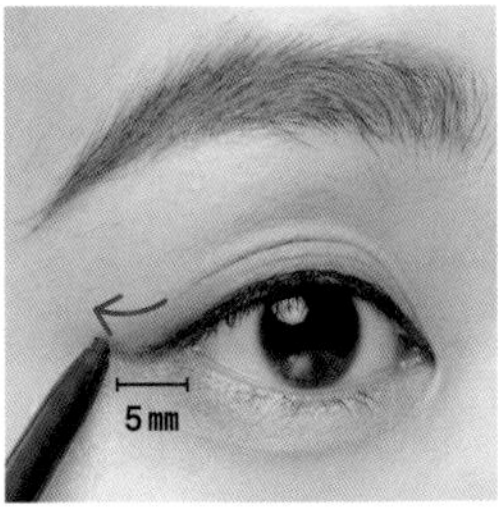

Fで目頭から目尻まで細いラインを描く。まつ毛の間もきちんと埋める。目尻から5㎜長く描き、少しだけハネ上げキリッとさせる。

インラインも忘れずに！

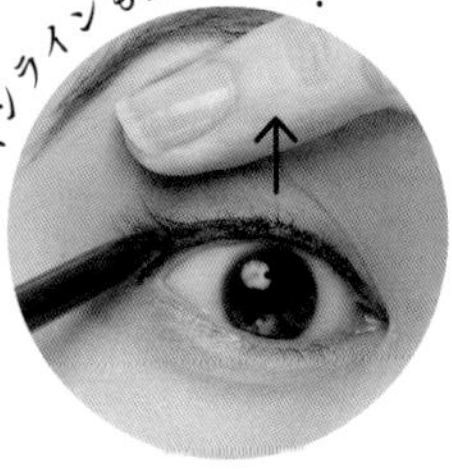

上まぶたを上に軽く引っ張り、粘膜にもラインを描く。ここにラインを描かないと正面から見たときに隙間があって目力が半減。

2

綿棒でボカすひと手間で自然なグラデEYEに

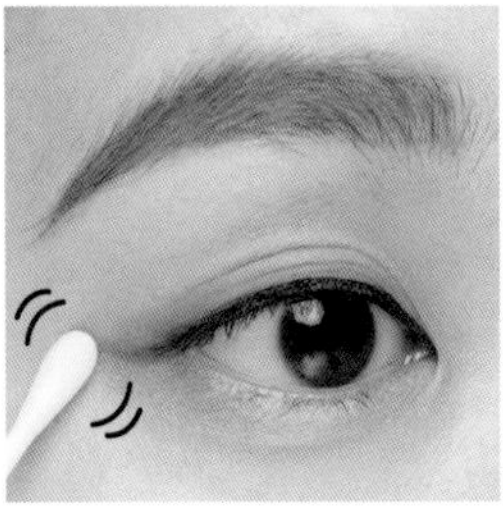

綿棒でラインを軽くなでるようにボカしてなじませる。ラインをボカすことでブラウンのアイシャドウとなじんで自然な印象に。

3

できるだけ薄く下ラインを描いて目元を引き締め

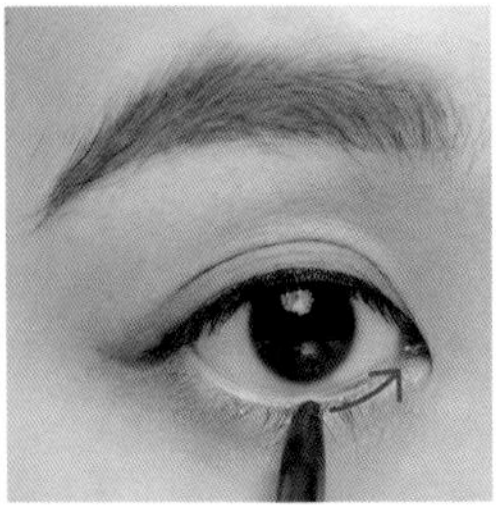

Fで下まぶたの粘膜の黒目の中央から目頭に向かって薄～くラインを描く。ほんのりラインを入れると目元が引き締まり目力が倍増。

Use it

F

極細芯だから韓国メイクに必須な細ラインも自由自在

スーパーフィットジェルライナー 漆黒ブラック 1,320円／ディー・アップ　スルスルのびてしっかり発色する、黒色のジェルライナー。

Eyelash

마스카라

まつ毛は根元ボリュームで目力も倍増！毛先を繊細にしてこそ女優の品が生まれる

1

ビューラーで根元だけを上げて、キレイなセパレートまつ毛に

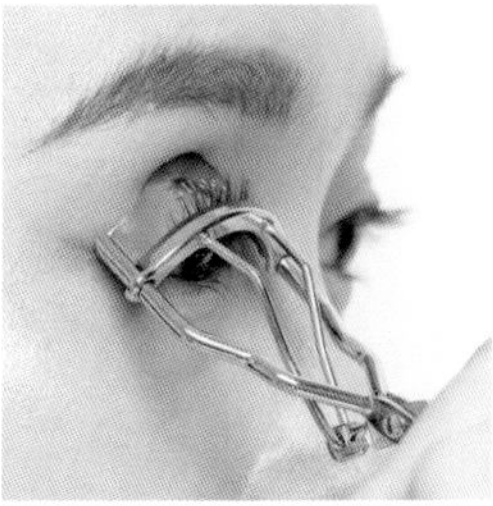

ビューラーでまつ毛の根元を挟んでしっかりカールさせる。根元以外は軽くカールさせるだけ。上げすぎないことでヌケ感のある目元に。

2

マスカラ下地を塗って美まつ毛を長時間キープ

Gを上下のまつ毛に塗り、カールをキープして化粧崩れを防ぐ。ダマにならないように塗りすぎに注意を。

3

マスカラを根元にしっかり塗り目力を高める

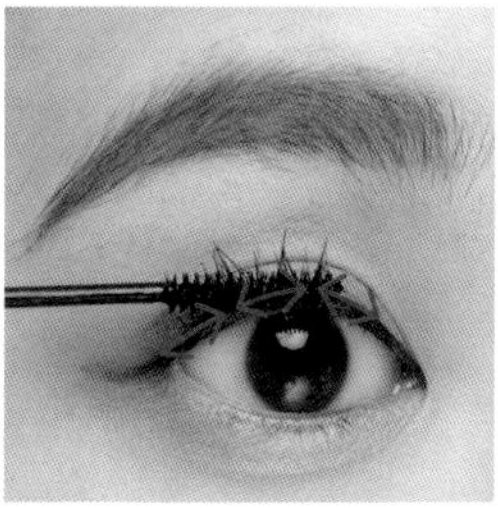

Hをまつ毛の根元に当て軽く左右に動かしてから毛先に流す。アイラインが細い分、根元にしっかり塗って目力を高めるのが重要。

Use it <

G

仕込むだけでカールと長さが一日中持続！

マスカラフィクサー パーフェクトラッシュ 946円／エチュード　マスカラのにじみを防ぐベース＆トップコート。

H

アジア人の目元を研究してつくられた韓国発マスカラ

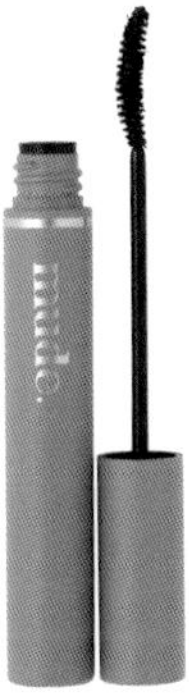

ミュード インスパイア カーリング マスカラ 01_ブラック 2,310円／シーズマーケット　ダマのない長いまつ毛が実現する黒マスカラ。

Cheek& Highlight

블러셔 & 하이라이터

ハイライトで光を集めてツヤっぽく！
極狭チークで白肌推しが韓国女優顔

1

ツヤの出るピンクの
チークで血色感をプラス

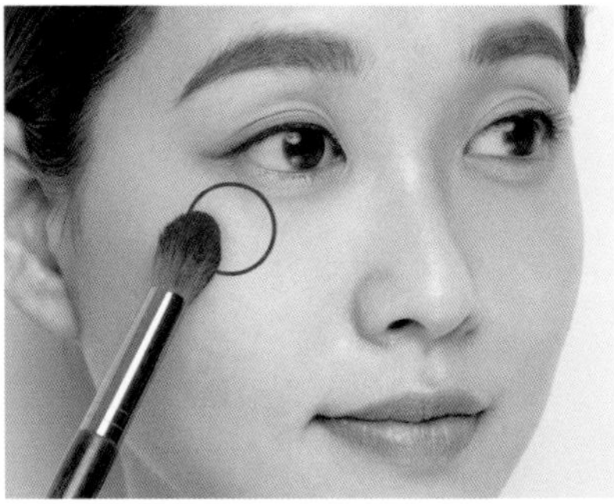

I を細めの筆にとって頬の高い位置にのせ血色感をプラス。広範囲に塗りすぎると可愛くなりすぎるので少しだけ塗るのが◎。

2

仕上げのハイライトで
丸みのあるフォルムに

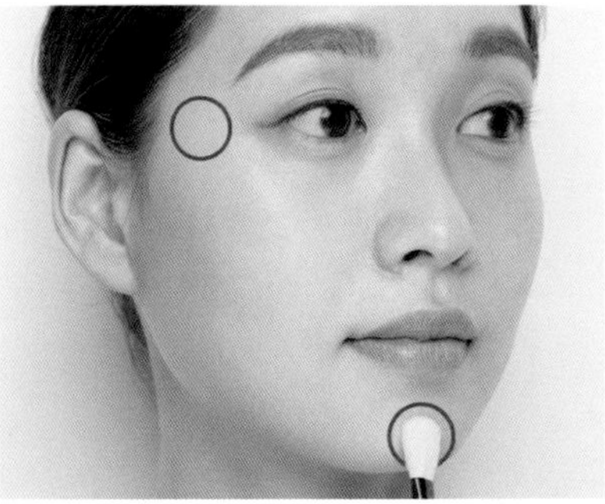

J を細めの筆にとって、こめかみとアゴ先にのせる。ここに光を集めることでふっくらとした丸みが出て女性らしい輪郭に。

自然な血色感を引き出す
ほんのりツヤピンク

I

クリオ プリズム エアーブラッシャー 002／ヘア＆メイク私物
微細なパールでツヤを与えるパウダーチーク。

あたたかな温度感のある
グロウベージュ

J

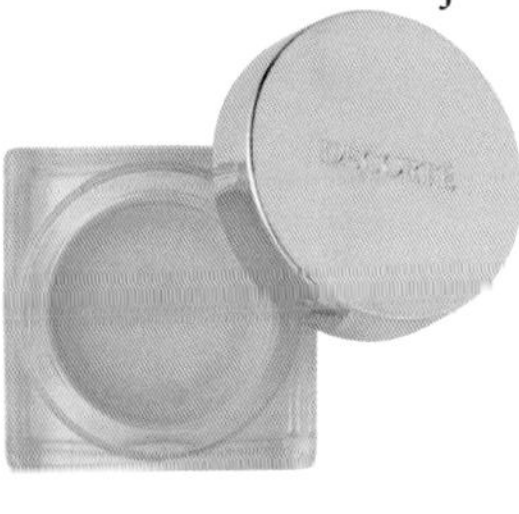

ディップイン グロウ クリームハイライター 02 3,850円／コスメデコルテ　スキンケア直後のようなツヤ肌に仕上がるハイライトクリーム。

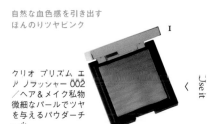

Lip

립

内側からじんわりにじむ グラデリップで韓国の定番唇に

1

コンシーラーで唇の周りのくすみをオフ

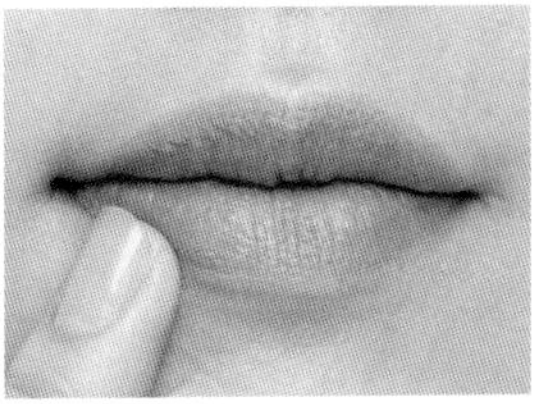

手持ちのコンシーラーを指にとり唇の周りに塗って、指で叩いてなじませる。くすみを抑えることで口まわりが若々しい印象に。

2

下唇の内側にだけ綿棒でちょんちょんのせ

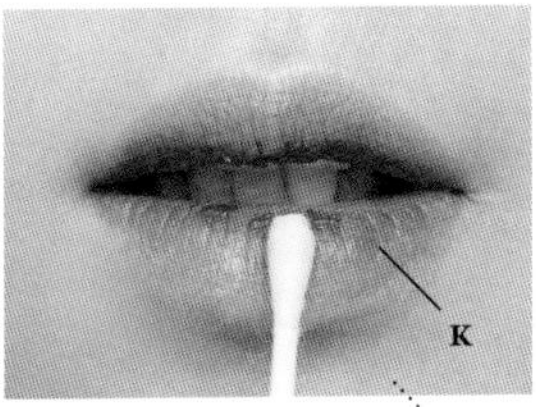

Kを綿棒にとり下唇の内側にON。リップを直塗りすると、塗る面積が広くなりグラデーションになりづらいので、綿棒で丁寧に。

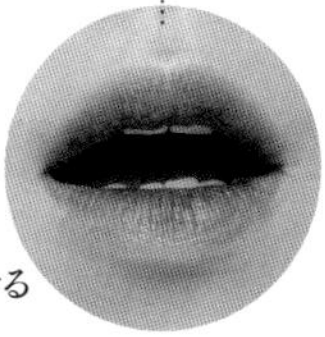

少し時間を置いてから「んー、まっ」でなじませる

3

クリアリップを重ねてツヤのある色っぽ唇に

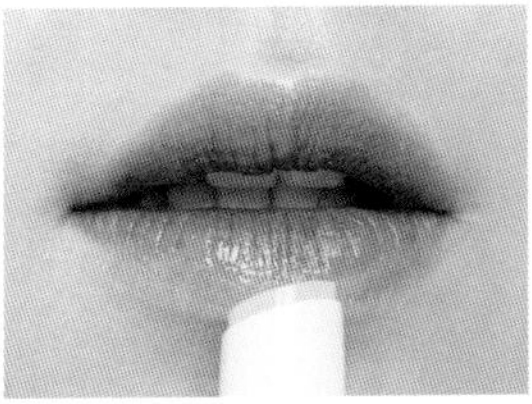

リップが乾いて唇が色づいたら、**L**を重ねる。色のつかないクリアなリップクリームでほどよいツヤをプラスする。

Use it

K

ふんわり色つく赤リップで大人の色気を引き出して

ムードインハンサーリキッドマット オープンドア 2,350円／hince ムースのような感触で唇が乾燥しにくいマットリップ。

L

ほのかなラメでナチュラルなツヤリップに

B IDOL つやぷるリップ 101 1,540円／かならぼ（限定発売） 唇の温度でとける極上テクスチャーのクリアなリップクリーム。

Daily Make-Up

02

目尻重めタレEYE × ジューシーグラデLIPで

―若手韓国女優のような可愛い表情に

若手女優を彷彿とさせる、うぶな愛らしさとみずみずしいツヤ感を表現できるメイク。
可愛らしいタレ目ぎみの目元と、内側からじゅんわりとにじむような
自然な血色感が欠かせないのです！

Make-up Point

Eyebrow

明るめのはなれ眉で
あどけない雰囲気に

Eye

シャドウ&マスカラで
タレ目をつくり
目尻重めを強調

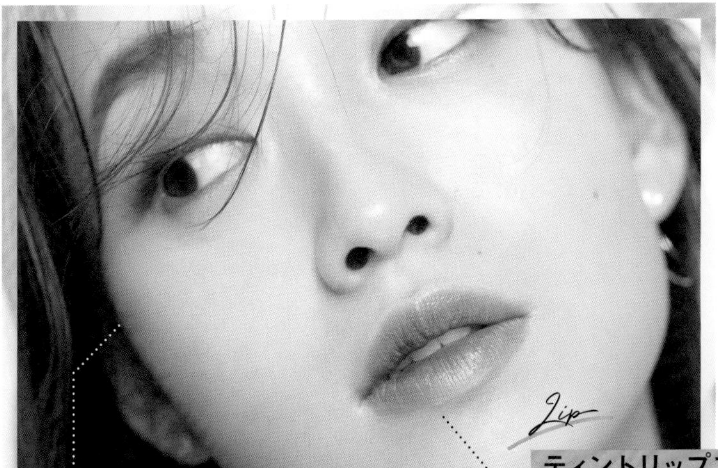

Lip

ティントリップで
グラデーションをつくり
化粧っけのない
自然な口元に

Cheek

あどけないベージュチークで
血色感をアップ

Eyebrow
아이브로우

p.32-37の
“3法則”を終えてから
メイクスタート

1

眉頭を描かないことで あどけない印象に

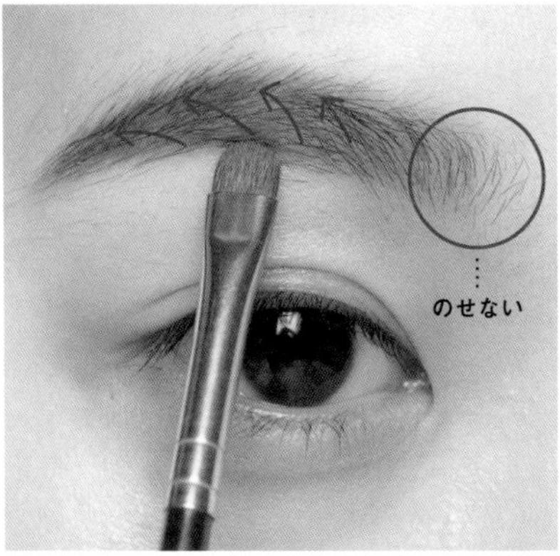

A-1+2 を筆にとって、眉頭以外にのせ全体の色のトーンを整える。眉頭をあえて薄くしておくことであどけない表情を演出できる。

MORE!
p.38でCHECK!

ツヤぷるな
ムルグァン肌にすると
フレッシュ感が高まります!

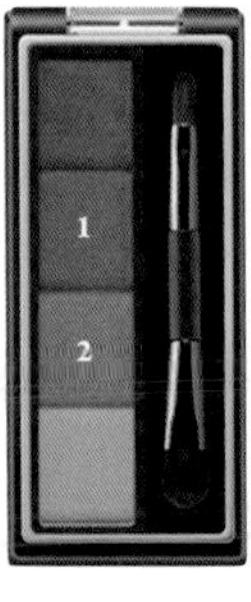

A

Use it

繊細パールが光を集めて
自然なふんわり眉に

エクセル スタイリング パウダーアイブロウ OC01 ナチュラルブラウン 1,430円/常盤薬品工業　自然な発色で浮いて見えないアイブロウパウダー。

ワントーンの明るいはなれ眉で 若手韓国女優のようなあどけない表情に

2

眉山を強調し フレッシュで元気な目元に

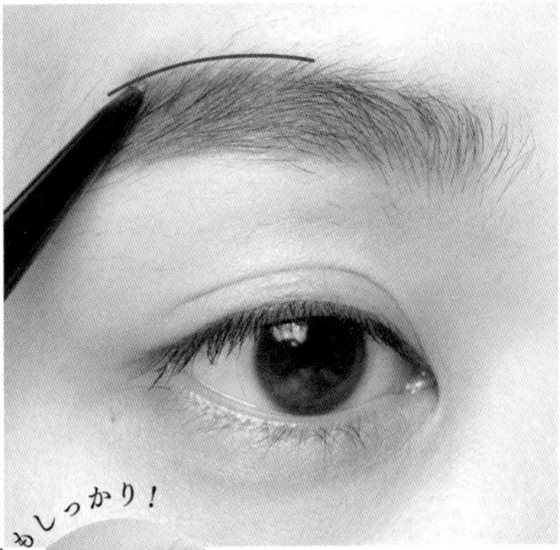

眉尻もしっかり!

Bで眉山の上のアーチの部分を描き、緩やかな眉山を強調する。丸みのある眉で目元が優しい印象に。

眉尻も薄いままだと目元がぼやけてしまうので、眉尻も**B**のペンシルでシャープにする。

3

眉を少し明るく色づけて 目元にヌケ感を出す

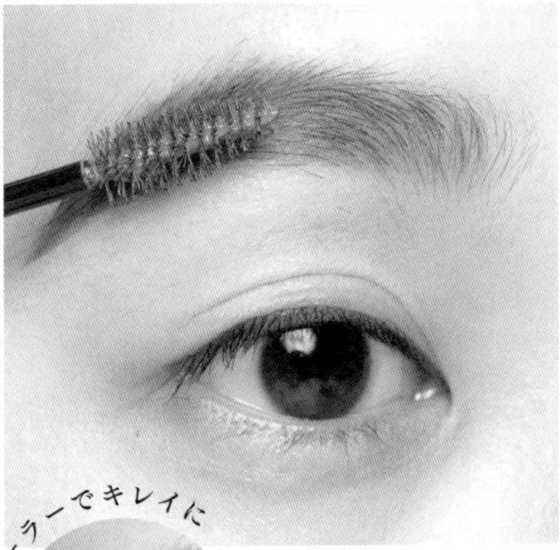

コンシーラーでキレイに

Cで眉全体を明るくする。眉の中間くらいまでは毛を立たせて、眉尻は毛流れに沿ってブラシを動かして。

D-1+2を眉尻の周りに塗り眉の輪郭をキレイに。シャープさを際立たせる。

B

極細の芯で眉毛を一本一本自然に描き足せる

スージー スリムエキスパートSP 01 1,320円／KISS ME P.N.Y.(伊勢半) 明るめブラウンの眉ペンシルで軽やかな目元に。

C

ダマにならずにしっかり見たまま発色!

ケイト 3Dアイブロウカラー N BR-1 935円(編集部調べ)／カネボウ化粧品 明るいベージュの眉マスカラでヌケ感のある透け眉に。

D

4色セットなので自分の肌色に調整可能

トーンパーフェクティング パレット 01 4,950円／コスメデコルテ 長時間よれずに素肌感をキープできるコンシーラー。

Eye shadow

아이섀도우

1

クリームシャドウで太めのラインを描く

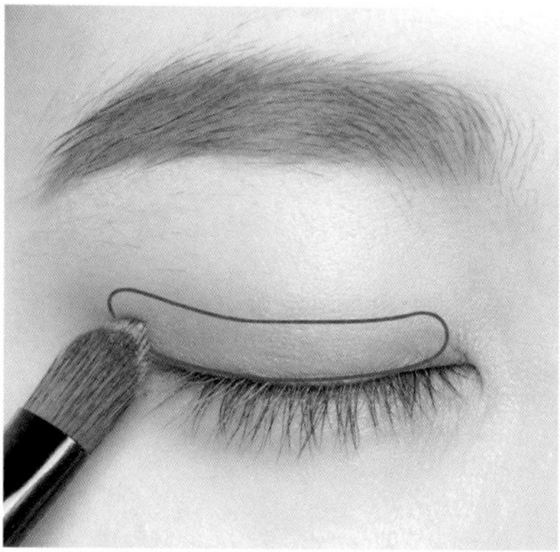

Eを筆にとって二重幅よりも少し広いくらいの範囲にのせる。目尻は眉尻の先くらいまでのばしてのせ、目幅を横長に見せる。

2

指でなぞってなじませるのがメイク崩れを防止するコツ

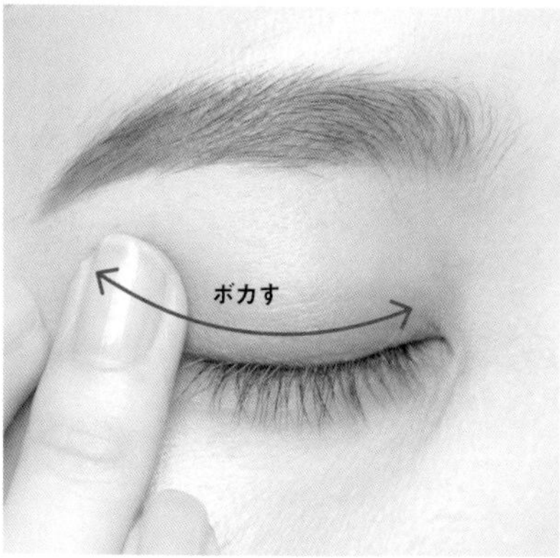

1でのせたアイシャドウを指でなぞって、ボカしながら肌に密着させる。タテではなく横に指を動かして目尻長めのアイシャドウラインに。

Use it く

E

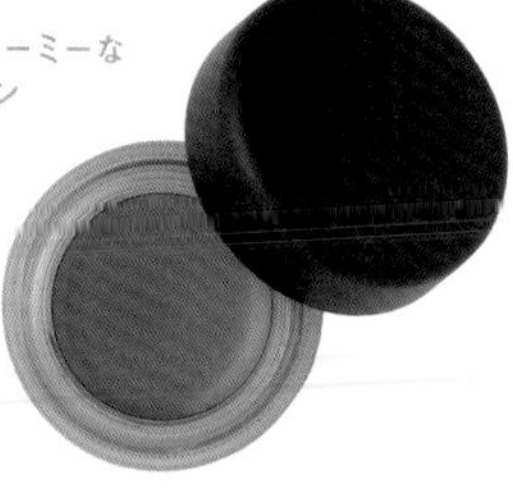

肌なじみのいいクリーミーなグレイッシュブラウン

プロ ロングウェア ペイント ポット テーラー グレイ 3,630円／M･A･C　しっとりシャドウで湿度のある色っぽまぶたに。

目尻重めのタレ目シャドウで あどけない愛されまん丸EYEに

3

下まぶたにもシャドウで ニュアンスをプラス

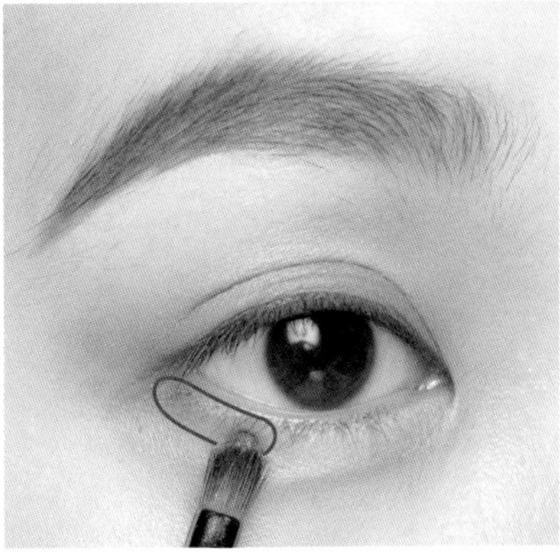

下まぶたの目尻から黒目の端くらいまでに**E**を筆でのせ、広げすぎないように注意して。2と同じように指でなじませて肌に密着させる。

4

ブラウンシャドウを くの字に重ねてキリッと

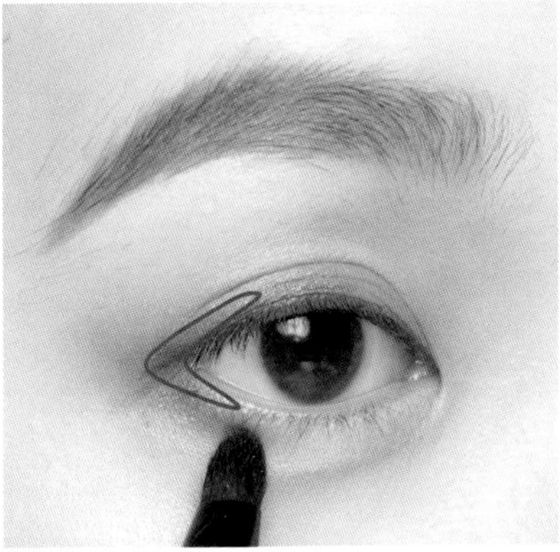

Fをチップにとり目尻にくの字にのせ、濃いブラウンで目尻を引き締める。1～3でのせたアイシャドウの半分くらいの幅で。質感の違うアイシャドウを重ねて立体感を出す。

F

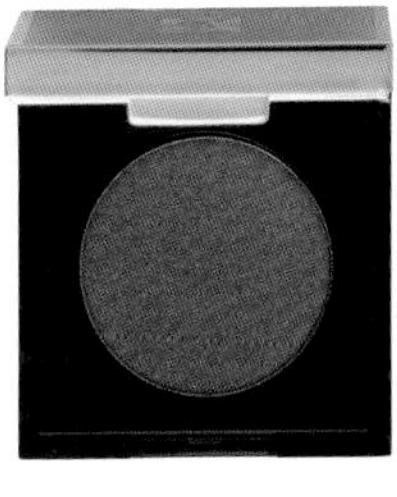

ヌケ感のあるトープブラウンを締め色に

サテン クラッシュ №2 4,620円／イヴ・サンローラン・ボーテ　どんなカラーとMIXしても相性のいい、万能ブラウンアイシャドウ。

Eyeline

아이라이너

目尻太め＆ほんのり囲みラインで 小粒EYEを大人可愛く魅せる

1

目尻太め＆長めの アイラインで 小悪魔風EYEに

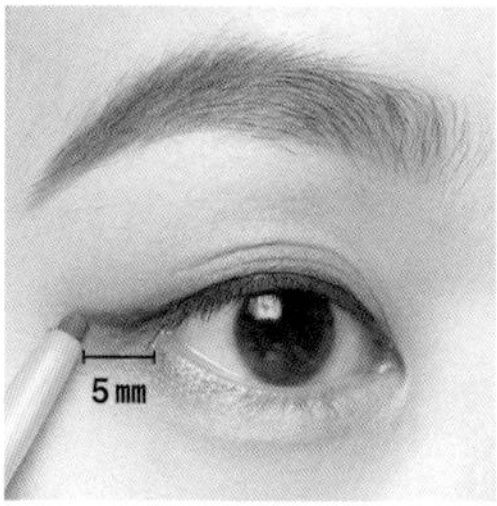

Gで、目頭から目尻までラインを描く。目尻が少し長め＆太めになるように。目尻はすこしハネ上げて。

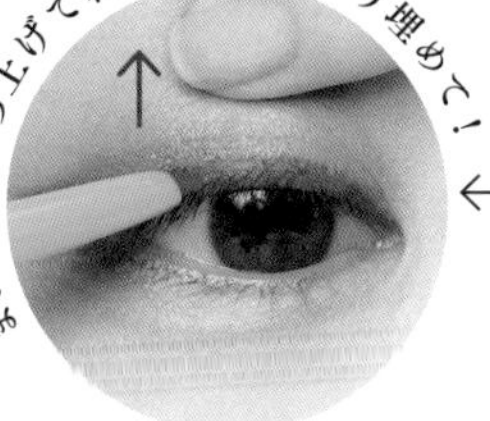

まぶたを持ち上げて粘膜までしっかり埋めて！

2

点々ラインを 下まぶたに入れて クールさをプラス

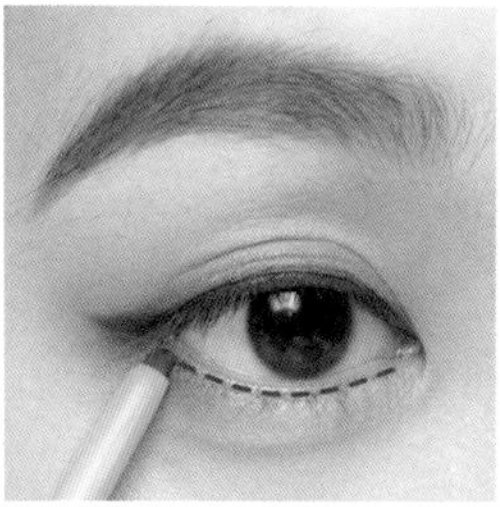

Gで、下まぶたのまつ毛の間に細かくラインを描く。線で描くと強くなりすぎるので、点を描くようなイメージで。

3

パールシャドウを 目頭にのせて 涙袋をふっくら見せ

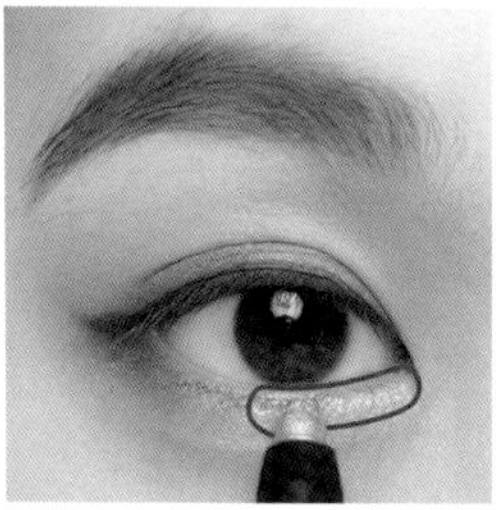

下まぶたの目頭から黒目の中央くらいまで**H**でシャドウラインを描く。パールのラインで涙袋をふっくらさせる。

Use it

H

シャンパンゴールドの
シャドウでうるみEYEに

3CE EYE GLINT #MOON PIE 1,610円／STYLENANDA原宿店　パールのシャドウペンシルで瞳に光を集めて吸引力のあるまなざしに。

G

完璧なラインがスルスル
描けるブラウンライナー

デジャヴュ ラスティンファインE クリームペンシル ダークブラウン 1,320円／イミュ　長時間たってもにじまないペンシルアイライナー。

Eyelash

마스카라

毛先をドッキングした存在感のあるまつ毛で カジュアルでも印象的な目元に

1

ビューラーは使わず しっかりボリュームアップ

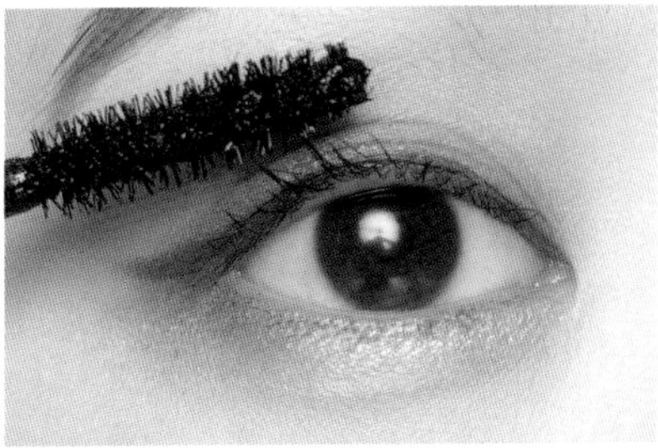

I を上下のまつ毛全体にまんべんなく塗る。目尻を強調するためにビューラーで上げることはせず、目力はボリューム系のマスカラでアップさせて。

2

ピンセットで束をつくって つけまつ毛のような存在感を

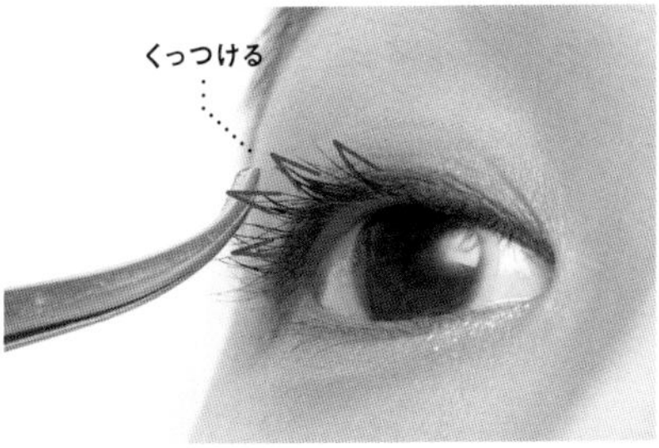

ピンセットで5本くらいのまつ毛の先をまとめてくっつける。毛束をつくることでつけまつ毛をつけているような存在感が生まれ、タレ目を強調してくれる。

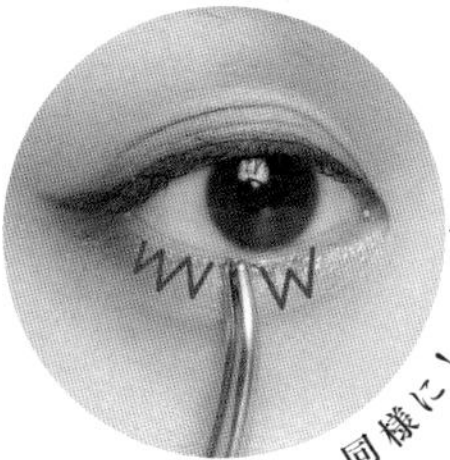

下まつ毛も同様に！

Use it

I

つけまつ毛級の長くて
ボリューミーなまつ毛に

デジャヴュ キープスタイルE ブラック 1,650円／イミュ
ひと塗りでボリュームUPする黒色マスカラ。

Cheek

블러셔

ボカしベージュチークで平面顔にナチュラルな血色をプラスして

1

ベージュのクリームチークで自然な血色感をプラス

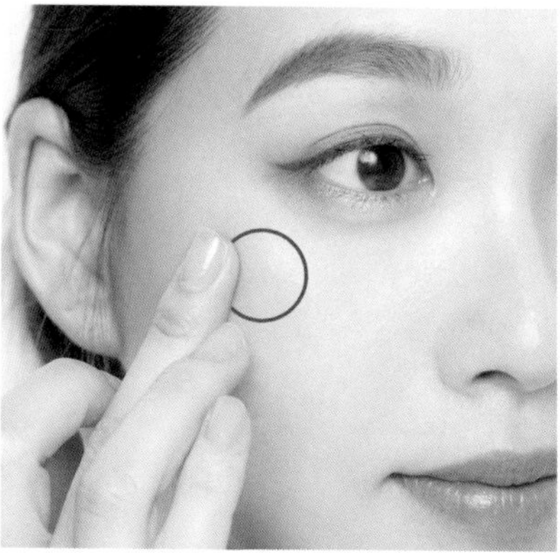

J を指にとって頰のいちばん高い位置から少し外側に丸くのせる。ほんのりニュアンスが出る程度に血色をプラス。

2

チークの輪郭をボカしてより自然な血色感を演出

丸くのせたチークの周りにKを重ねてボカす。明るい色のファンデでボカすことでチークの色が沈まずに、ナチュラルな血色感に。

Use it <

J

クリアな発色で透け感あるピーチベージュ

3CE BLUSH CUSHION #PEACH 1,820円／STYLENANDA原宿店　湿度のあるツヤチークが完成するクッションタイプ。

K

しっとりしたパウダーで乾燥知らずのツヤ肌に

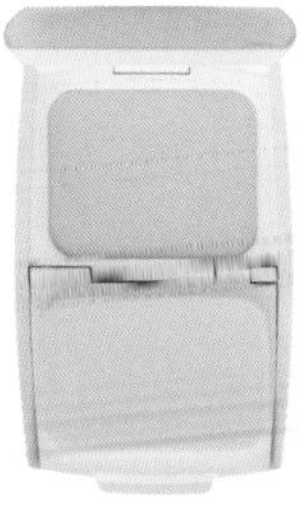

タン クラリフィック コンパクト PO-01（SPF32・PA+++）6,160円 ケース 1,650円 [illegible] 透明感としっとり感が実現するパウダーファンデ。

Lip
립

ティントを何度も重ねて“元からじゅんわり風”の韓国リップに

1

コンシーラーで唇まわりの赤みとくすみをオフ

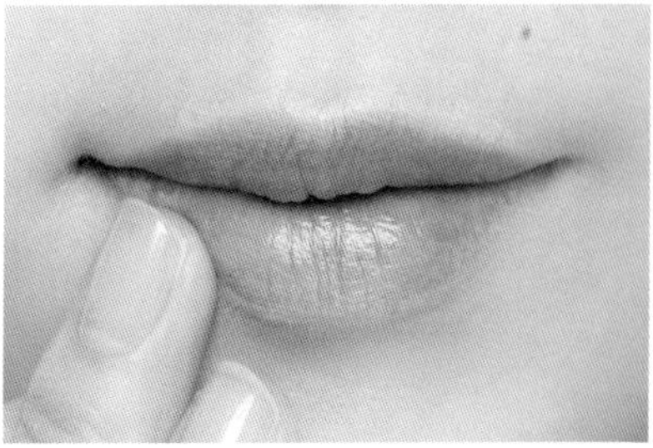

手持ちのコンシーラーを指にとって唇の輪郭を消す。軽く叩いてなじませる。くすみも消えるのでリップがよりキレイに発色するという効果も！

2

ティントリップを重ねて色が濃くなるよう調整

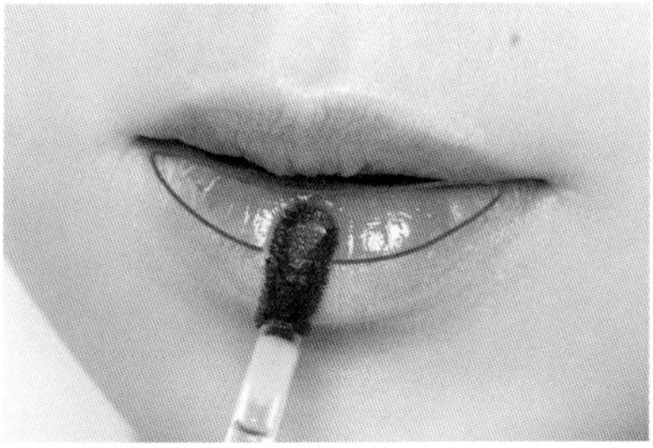

Lを下唇の中央にのせ、そのまま数秒乾かして色を沈着させる。これを2回繰り返す。もっと濃くしたい場合は何度も重ね塗りして。

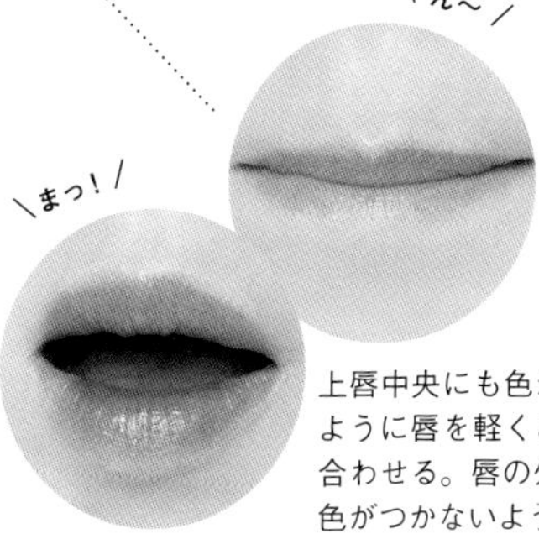

上唇中央にも色がつくように唇を軽くこすり合わせる。唇の外側に色がつかないように！

Use it

L

ティント効果で長時間カラーステイ！

アピュー ジューシーパン スパークリングティント RD02 よくばりヤマブドウ 1,100円／ミシャジャパン 茶と紫をMIXしたようなこなれカラーのティントリップ。

Daily Make-Up

03

太め平行眉
×
囲みシャドウで
―
クールな色気を醸し出すパワフルなヒロイン顔に

特別大事な仕事がある日はメイクも気合いを入れてできる女を気どりたい！
そんな日は、テキパキ働くキャリアウーマンを演じる韓国女優のように、
キリッとした強い目元と、大人の余裕を感じさせる色っぽい唇が欠かせません！

Make-up Point

Eyebrow

暗めの太め平行眉で
クールでパワフルな印象に

Eyeshadow & Eyeline

しっかり囲みシャドウと
横長ラインで
切れ長なまなざしを演出

Lip

ぽってりした
丸みリップで
韓国女優風の
色気を投入

Cheek

斜めに入れた
チーク&ハイライトで
シャープな横顔に

Eyebrow

아이브로우

p.32-37の“3法則”を終えてからメイクスタート

1

太めの濃いアーチ眉でパワフルな目元に

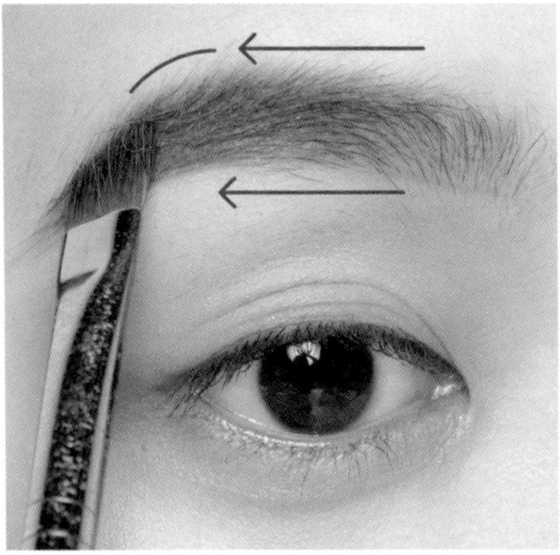

A-1+2 を筆にとって眉全体を濃いめに色づける。眉山はアーチに、眉の上下ラインはまっすぐ輪郭を描いて平行眉を意識して。眉尻は少し下げる。

\ MORE! /
p.39でCHECK！

透明感のあるクァンク肌で色気のあるパーツメイクが際立ちます！

A

Use it ＜

濃く色づけても浮かないナチュラルブラウン

ニュアンスブロウパレット 01 3,520円／ジルスチュアート ビューティ 柔らかな印象の眉に仕上がるアイブロウパウダー。

眉頭に毛を描き足した太め平行眉で凛としたパワフルヒロイン顔に

2

濃いブラウンマスカラで毛を立てながら色づける

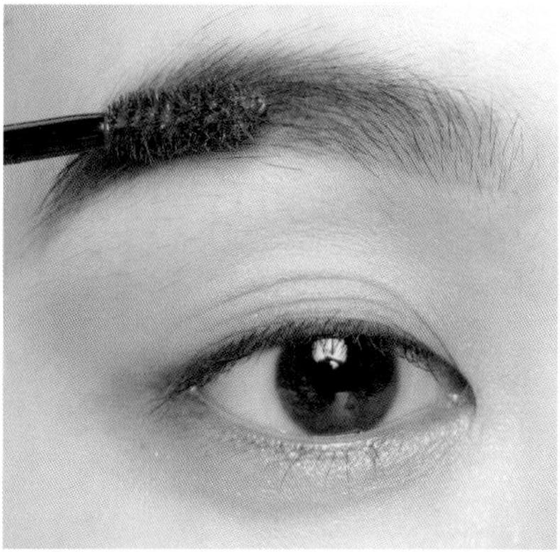

Bで眉全体を濃いブラウンに。眉頭から眉の中心までは眉の毛を立たせるようにブラシを動かし、眉尻は毛流れに沿って色づける。

3

眉頭に毛を描き足し意志の強い女性を演出

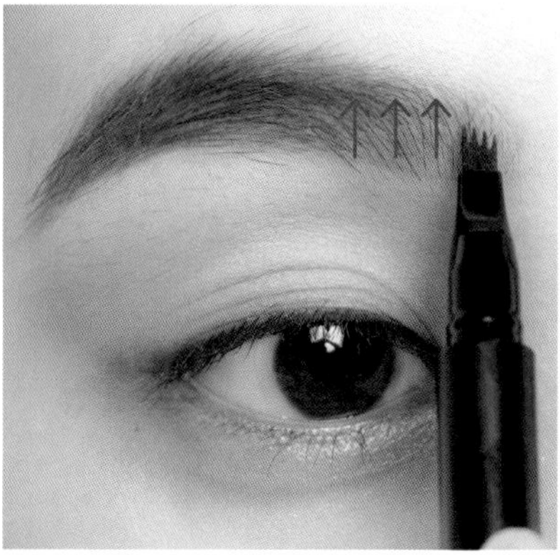

Cで眉頭に毛を描き足す。眉頭の毛が立つように上向きの毛流れにする。**A-1**で最後にボカすとより自然な印象に。

B

濃いブラウンで眉の存在感を強調

3CE EYEBROW MASCARA #BROWN 1,610円／STYLENANDA原宿店　小さいブラシが眉毛を根元からキャッチする眉マスカラ。

C

サッととかすだけで自然な毛流れが実現

ブロウインク リキッドペン NB-1 1,320円／メイベリン ニューヨーク　フォーク型ブラシで自眉を描き足せるナチュラルブラウンのリキッドペン。

Eye shadow
아이섀도우

シャドウラインでしっかり囲んで薄めな目元に力強さをプラス

1
シャドウをライン状に入れキリッと魅惑的なキャットEYEに

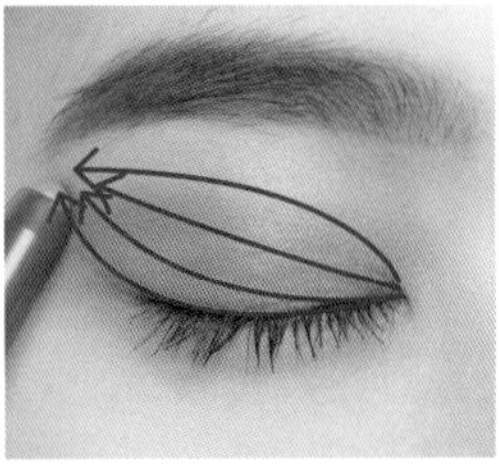

Dで目頭から目尻に向かって4本程度ライン状にシャドウを入れる。目尻がぐっと上がって見えるように意識して。

2
指でシャドウをなじませ肌にピッタリ密着させる

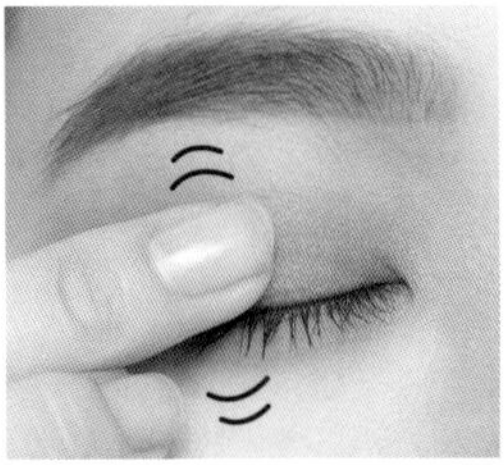

1で塗ったシャドウを指でボカしてアイホール全体に広げなじませる。肌にしっかり密着して崩れにくくなる。

3
下まぶたも同じ色で囲んで力強いまなざしに

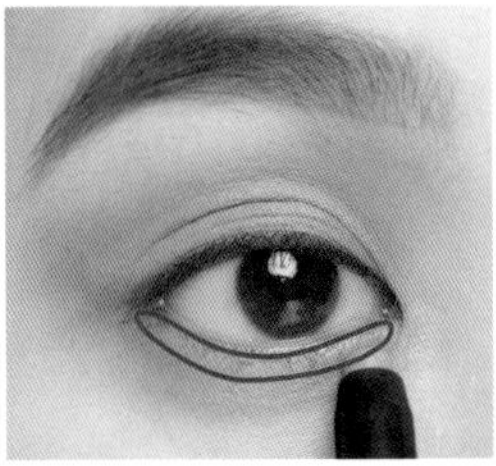

Dで目尻から目頭に向かってシャドウラインを描く。囲みシャドウでパワフルに。黒で囲むよりキツくなりすぎない。

Use it ＜

ナチュラルなスキントーンベージュで韓国風ＥＹＥに

D

ロングウェア クリーム シャドウ スティック 01 4,290円／ボビイ ブラウン
ライナーにもなるペンシルタイプのアイシャドウ。

Eyeline

아이라이너

細くハネ上げた横長ラインでクールかつ魅惑的な表情に

1

目尻長めの緩〜い ハネ上げラインで目を横長に

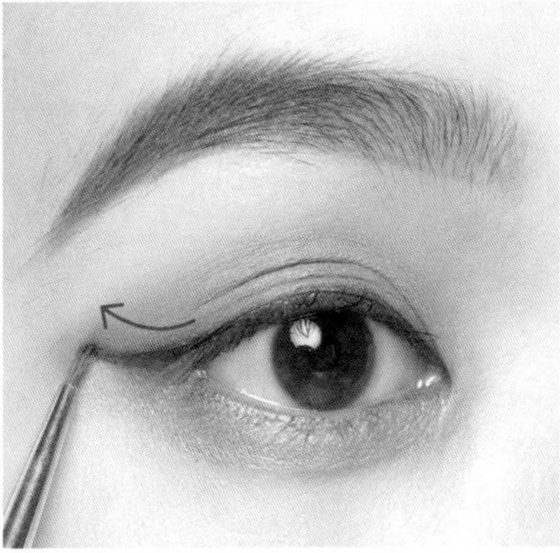

Eを筆にとって目頭から目尻に向かって細いラインを描く。目尻から1㎝くらい延長させ、緩やかにハネ上げる。まつ毛の間もしっかり埋める。

2

目頭に切開ラインを描き 目幅をワイドに見せる

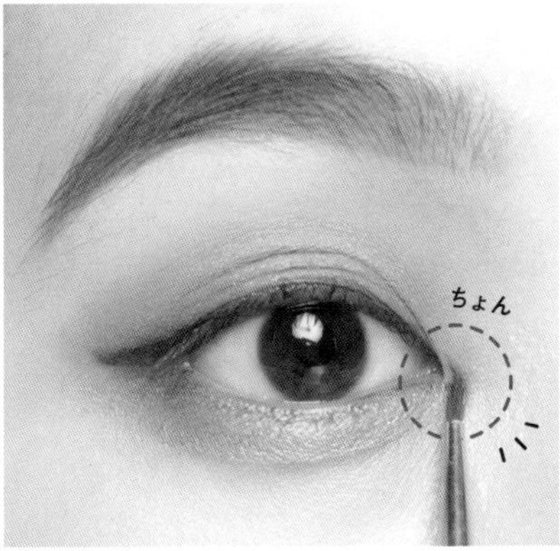

Eで目頭から少しはなしてラインを描く。2㎜程度の細長い線を描くイメージで。目頭の先がとがったラインになるよう意識して。のせすぎるとキツく見えるのでやりすぎ注意。

Use it ＜

E

発色のいいアイラインがにじまずに長時間持続！

ロングウェア ジェルアイライナー 01 3,630円／ボビイ ブラウン　しっとりとした質感で漆黒ラインが描けるジェルアイライナー。

Eyelash
마스카라

目尻を横に流して切れ長感を強調

F

つけまつ毛レベルのボリューミーなまつ毛が実現

Use it

ホリカホリカ ラッシュコレクティングマスカラ 02／ヘア&メイク私物　可愛すぎてパケ買い必至の韓国発・ボリュームマスカラ。

目尻のまつ毛は横に流して切れ長なキャットEYEに

Fを上下のまつ毛に塗る。黒目の上のまつ毛は上に向かって、目尻のまつ毛は横に流すように塗ってキャットEYEを意識。

Cheek& Highlight
블러셔 & 하이라이터

斜めチークで女優のようなクールな表情に

Use it

ピーチピンクのチークで自然な血色感をプラス

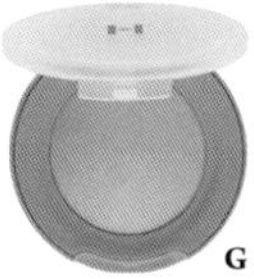

G

ひと塗りで韓国女優のような素肌に近いツヤ感を

H

Gトゥルーディメンショングロウチーク メロウ 2,750円／hince　ゴールドパール入りのチークで上品なツヤ肌に。**H**ランタンポレル ブロッサム クリーム コンパクト（SPF15・PA+）9,680円／パルファム ジバンシイ　淡いピンクのグロウ肌に導くクリーム。下地にも日焼け止めにも。

チークとツヤを斜めに入れてツヤっぽく色っぽく♡

Gを頬骨に沿って斜めにのせる。そのチークの上位置にくるよう**H**をこめかみから斜めに塗ってツヤを出す。斜め入れでクールに。

Lip
립

マットリップで丸くふちどり色気のあるぽってり唇に

1 色っぽさを引き出すマットなリップをON

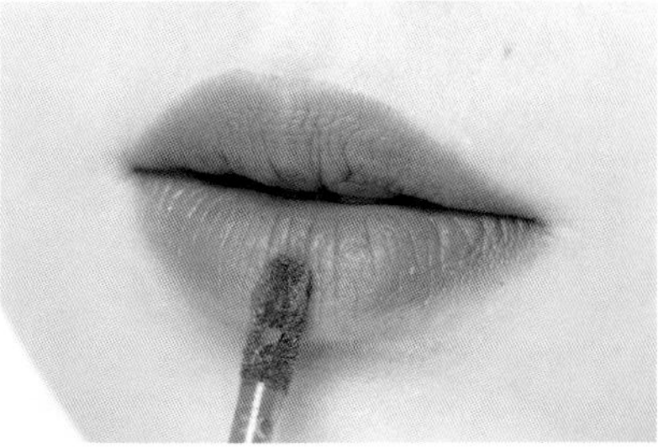

唇全体に I を直塗りし、指で軽く叩いてなじませる。くすみトーンのマットなローズリップで落ち着いた大人のムードを醸し出して。

2 オーバーぎみにふちどって色気のあるふっくら唇に

J で唇をふちどる。唇の輪郭よりも少しだけオーバーに、丸くふちどることでぽってり感を強調。軽く指でなぞってなじませる。

Use it く

I 女優のようなエレガントなローズリップに

フィクシングティント アナログローズ 1,485円／エチュード　ふんわりしたソフトマットな唇に仕上がるティントリップ。

J スルスルと描きやすいペンシルタイプ

リュクス ディファイニング リップスティック 03 4,620円／ボビイ ブラウン　肌になじむヌードベージュのペンシルリップ。

CHAPTER

04

なりたい印象・お悩み別で解説！

韓国女優顔に近づくためのパーツ別メイク

眉は平行眉にしたいけど、目はもう少しタレ目に見せたい。眉毛がまだら、一重まぶた、唇が薄い……などなど、メイクをする上でなりたい方向のズレやパーツごとの悩みがあるのは当たり前。ということで、それぞれに合ったパーツ別メイクを見つけて、自分だけの韓国女優顔を手に入れて！

EYEBROW
01

ボサッと地眉感を残して
優しい印象に仕上げるのが今ドキ韓国顔
ふんわり平行眉

薄い目元をキリッとさせてくれる平行眉は、韓国女優メイクに欠かせない存在。
少しふんわり仕上げることで、あどけない印象にシフトできるのです！

p.36-37の法則3を終えてからスタート

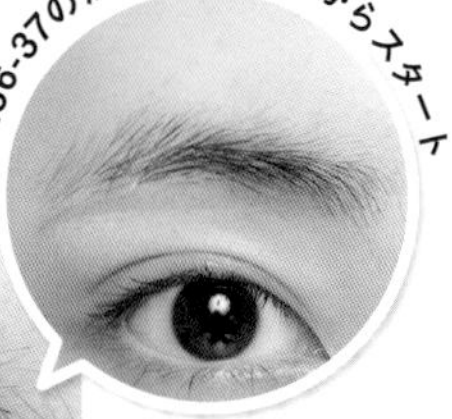

1 眉頭から眉の中央まで円を描きながら色づけ

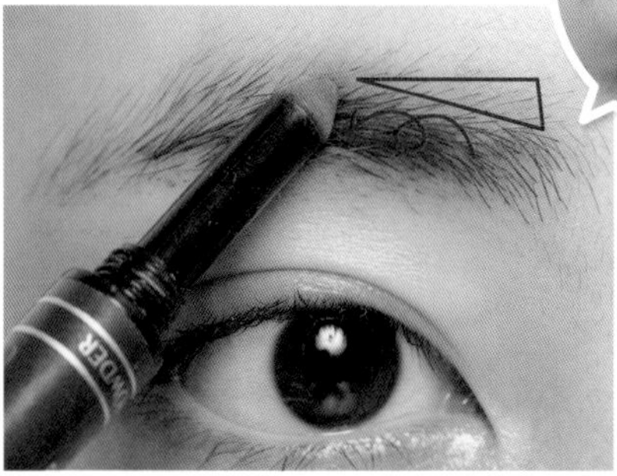

Aのパウダーで眉頭から眉の中心までふんわり色づける。眉山はオーバーに描き足す。チップで円を描くように動かすとふんわり感が倍増。

Use it

TATTOO
LASTING 2WAY EYEBROW LIQUID WP

A

K-パレット ラスティングツーウェイアイブロウリキッドWP 02 ナチュラルブラウン 1,320円／クオレ　パウダーとリキッドがセットになったアイブロウペン。

A 最初に眉マスカラで明るく色づけてトーンを整えると◎

①眉全体を手持ちの明るめの眉マスカラで色づける。②**A**のリキッドで眉の下に直線的なラインを描き足し。③**A**のパウダーで眉頭の上のラインを描き足し平行眉に。眉全体を色づける。

HOW TO

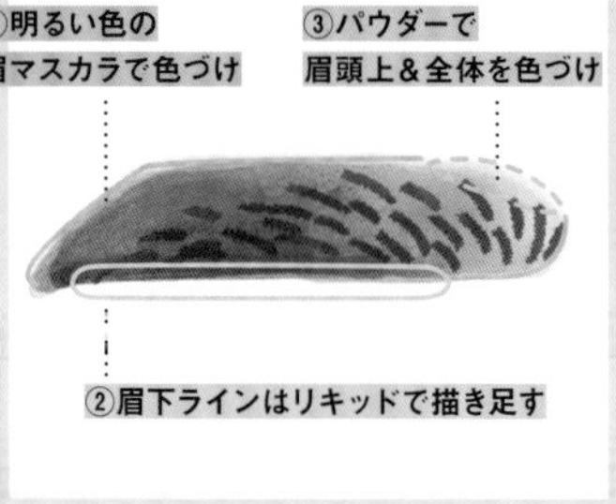
①明るい色の
眉マスカラで色づけ
③パウダーで
眉頭上＆全体を色づけ
②眉下ラインはリキッドで描き足す

Q まだら眉の場合どうしたらいい？

Before

AFTER

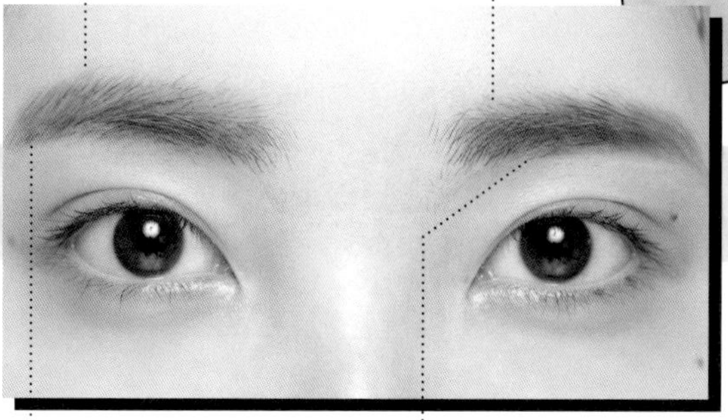
眉山は
少し角をつくり
キリッとさせる
眉頭は
ふんわり描き
優しい印象に
眉尻は短くすると
ナチュラル感UP
眉下はまっすぐ
描いて平行に

BEFORE

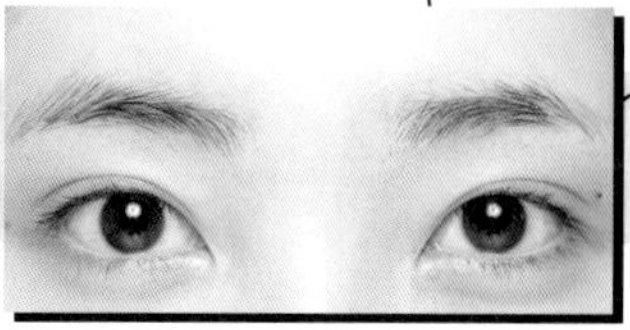

2 眉下ラインはリキッドで一本一本毛を描き足す

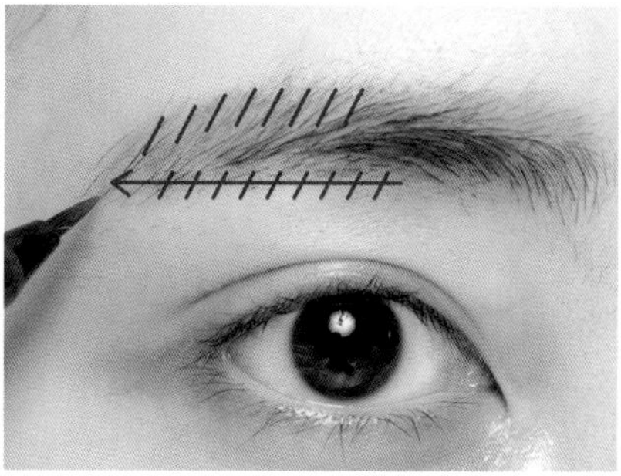

眉の中央くらいから眉尻まで、Aのリキッドで毛を描き足す。眉下のラインはまっすぐになるように。パウダーで描くとペタッと平面に見えてしまうため、質感を変えて立体感を演出。

3 眉山もチップで描くとほどよいキリッと感に

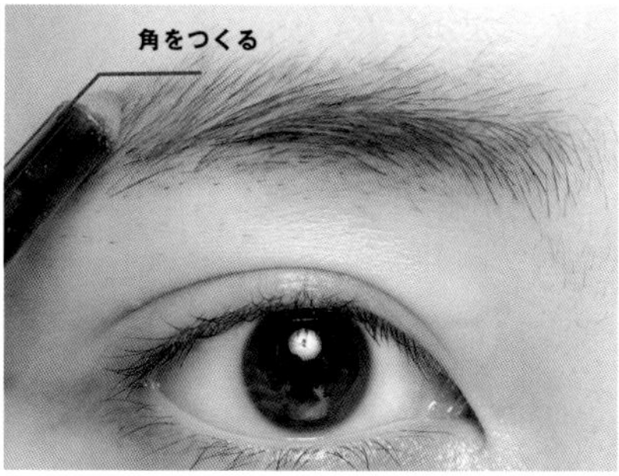

2で描いたリキッドの線をAのパウダーで軽くなぞりながらボカす。チップで眉山の角をとるようになぞり、キリッとさせて平行眉を仕上げる。

HOW TO

A リキッドで眉下ラインを描いて自然な平行眉に

①Aのリキッドで眉の下に直線的なラインを描き足す。毛を一本一本描き足すようにして。②Aのパウダーで眉頭の上のラインを描き足しつつ、眉全体を色づける。眉山は黒目と目尻の間くらいを目安にして。

Q 短め眉の場合どうしたらいい?

EYEBROW

02

キリッと見えがちなアジアンEYEを あどけない表情にシフトチェンジ

下がり平行眉

平行眉も、眉尻を下げるだけで、可愛らしい表情を引き出すことができます。
目元が少しキツイ、もう少し甘い雰囲気をまといたい、そんな人にオススメ。

p.36-37の法則3を終えてからスタート

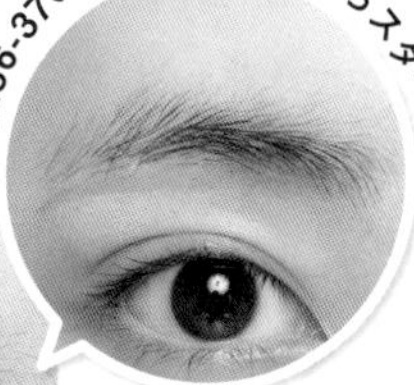

1 筆をジグザク動かして 眉頭から眉山まで色づける

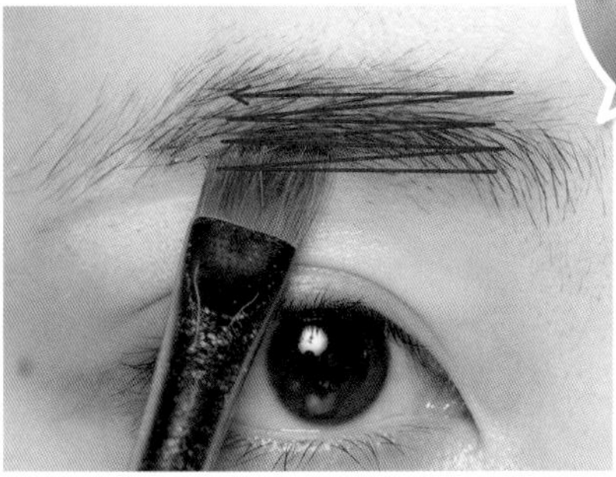

A-1+2 を筆にとって、眉頭下から眉上に向かって筆をジグザグに動かしながら色づけ。眉頭が上がって見えるよう、眉頭の上はオーバーに色づける。

Use it

SUSIE N.Y.
1
2
3
B
A

A キスミー ヘビーローテーション ナチュラルパウダーアイブロウ 02 1,100円／KISSME（伊勢半） やわらかい印象に発色するアイブロウパウダー。 **B** スージー スリムエキスパートSP 01 1,320円／KISSME P.N.Y.（伊勢半） 自然な毛を描き足せるブラウンアイブロウペンシル。

HOW TO

A パウダーで眉頭上と眉尻を描き足し困り眉風に仕上げる

①**A-2** を筆にとり眉全体を色づける。まっすぐな平行眉を意識して。②**A-1+2** で眉頭の上を描き足して眉頭を上げる。**A-3** で眉尻を描き足す。眉頭の下のラインより低い位置に眉尻を描いてタレ眉にする。

①パウダーで平行眉を描く
②パウダーで
眉頭の上と眉尻を描き足す

Q

まだら眉の場合 どうしたらいい？

Before

眉頭の上を
描き足してタレ眉に

AFTER

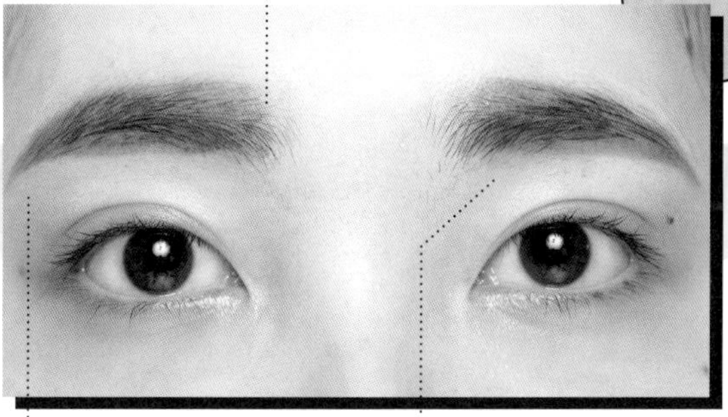

眉尻を少し下げて
あどけなさUP

眉下は直線ラインで
平行に

BEFORE

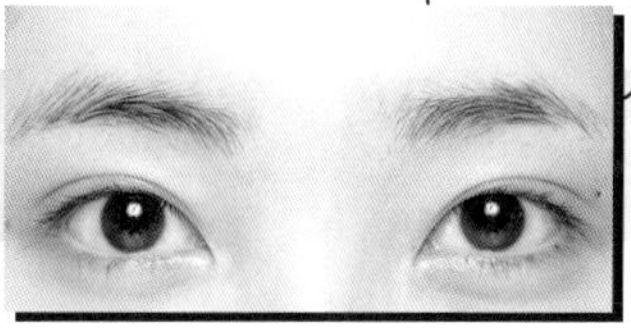

2 眉頭より眉尻が低い位置にくるようパウダーをON

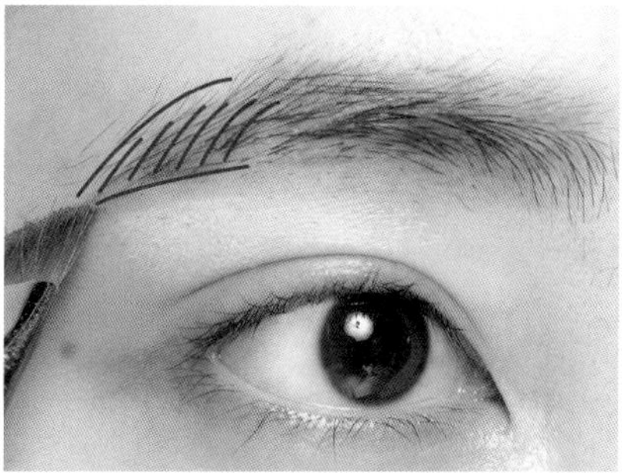

A-3 を筆にとって眉尻を描き足す。眉頭よりも低い位置に眉尻がくるように。眉尻は濃い色、眉頭は薄い色にすることが自然に仕上げるコツ。

3 眉下に仕上げのラインを描き足す

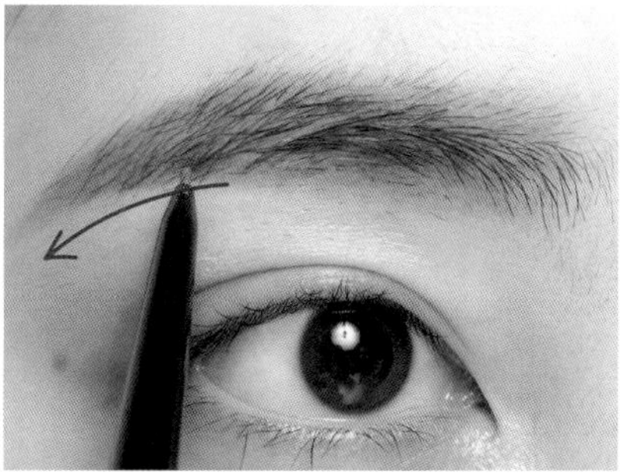

最後に **B** で眉下の輪郭に線を描き足し眉尻を下げる。全体を線で囲むと不自然になるので、眉下だけにとどめると自然な仕上がりに。

A リキッドアイブロウで眉下ラインを描くことで自然なタレ眉に

①手持ちのリキッドアイブロウで眉下に毛を描き足す。眉尻が眉頭の下のラインより下に来るように。② **A-2** で眉全体を色づけ平行眉に。③ **A-1+2** で眉頭の上を描き足して眉頭を上げる。**A-3** で眉尻を描き足す。

HOW TO

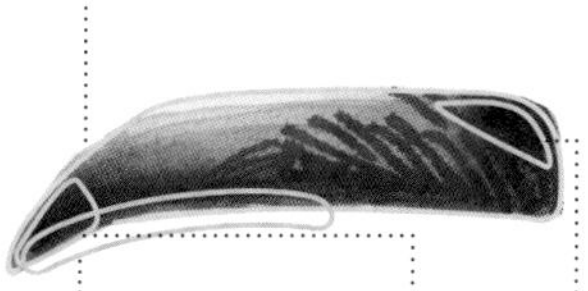
②パウダーで平行眉を描く
①リキッドアイブロウで眉下ラインを描く
③パウダーで眉頭の上と眉尻を描き足す

Q 短め眉の場合どうしたらいい？

EYESHADOW
01

韓ドラヒロイン風の
キリッと上がった魅惑のツリ目に
ナチュラルねこ目シャドウ

韓国女優のような切れ長EYEを楽しみたい、だけどキツく見えるのはイヤ。
そんな人はアイシャドウの塗り方を見直すだけで、自然なキャットEYEを楽しめます。

1 目尻側の二重幅に ベージュシャドウをON

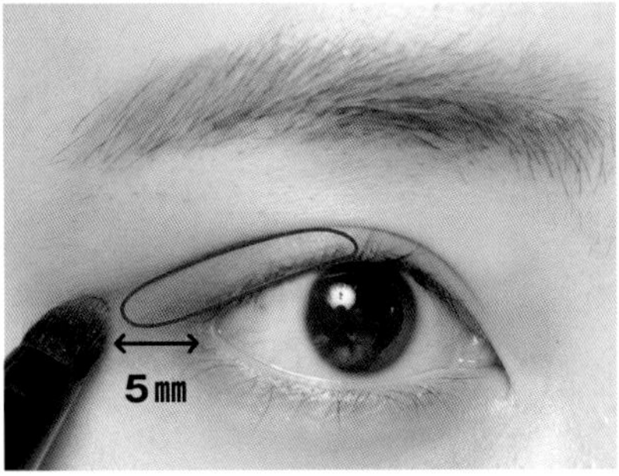
5㎜

A-1 をチップにとり、黒目の中心から目尻にボカさずにのせる。二重幅くらいの太さで。目尻からは5㎜くらい横にはみ出して目幅を拡大。

Use it

1
2
A

デイジーク シャドウパレット 07 4,180円／PLAZA　マットやラメなど質感違いの9色のシャドウパレット。

HOW TO

A 目頭のシャドウと 長めのハネ上げラインで 目元を引き締める

①**A-1**をアイホールに広めにのせる。目を開けたときに色が見えるくらいの範囲が目安。②目頭から眉頭に向かって**A-1**を重ねる。ノーズシャドウを入れるイメージ。③目尻に**A-2**で長めのキャットラインを描く。

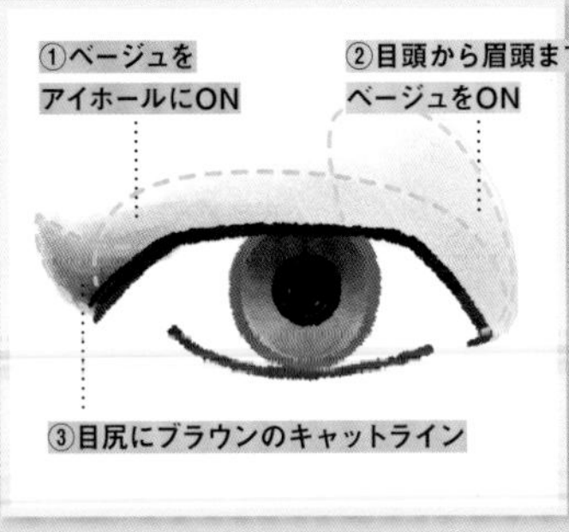
①ベージュを
アイホールにON
②目頭から眉頭まで
ベージュをON
③目尻にブラウンのキャットライン

Q 一重の場合 どうすればいい？

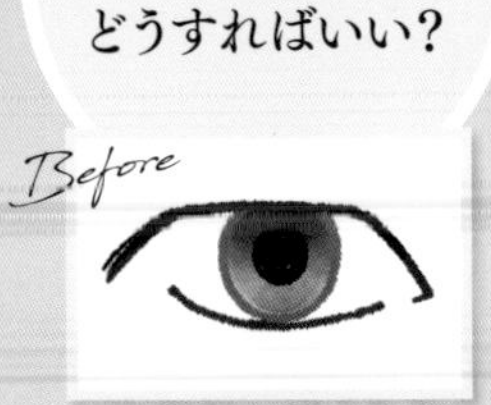
Before

目尻重めのベージュシャドウで
目尻を上げる

AFTER

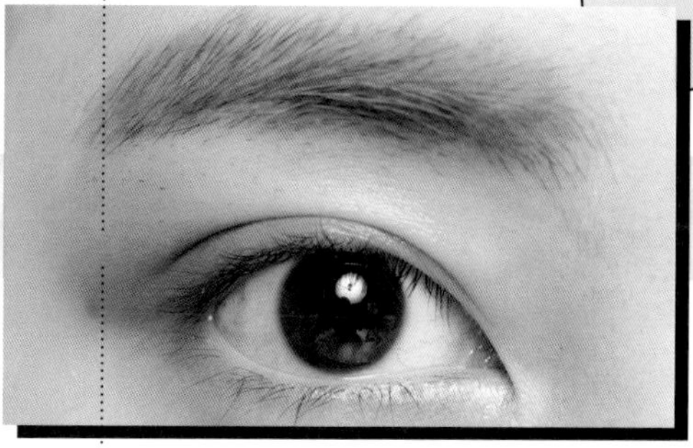

BEFORE

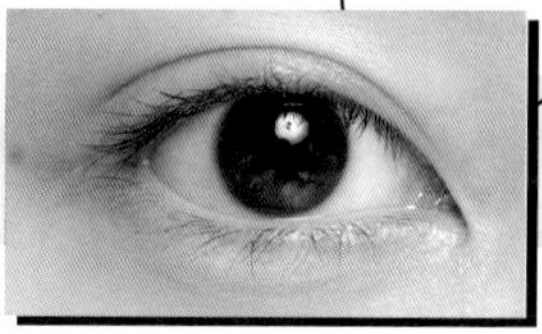

ブラウンシャドウで斜め上に
ラインを描きよりシャープに

2 平行四辺形にシャドウを入れ斜め上に引き上げる

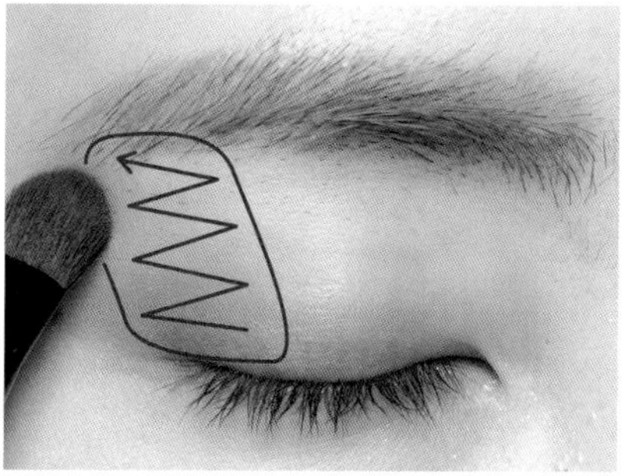

A-1 を筆にとり、目尻から眉尻に向かって平行四辺形にのせる。目のキワが濃くなるように下から上に向かってジグザグに筆を動かして。

3 斜め上に向けたシャドウラインをプラス

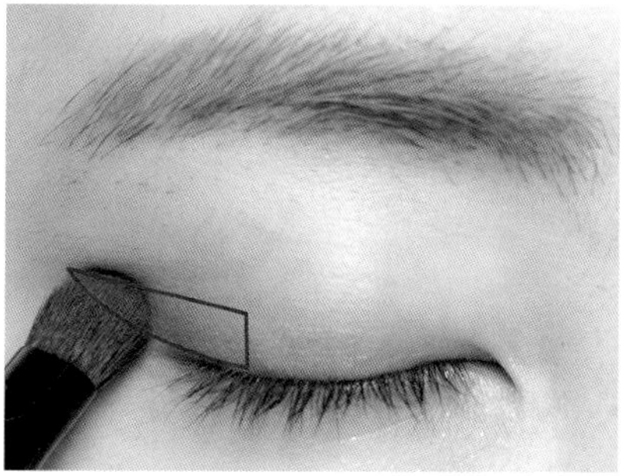

A-2 で目尻から少し斜め上に向かってシャドウラインを描く。先をとがらせてツリ目度をUP。アイライナーで描くよりナチュラルなキャットEYEに。

A 目尻に重心を置いたベージュ&ブラウンシャドウで切れ長に

①**A-1** をアイホール全体にのせる。目尻側を上に引き上げるように斜めにのせるのがポイント。目を開けたときにアイシャドウの色が見えるくらい広範囲にのせて。②目尻から**A-2** で長めのキャットラインを描く。

HOW TO

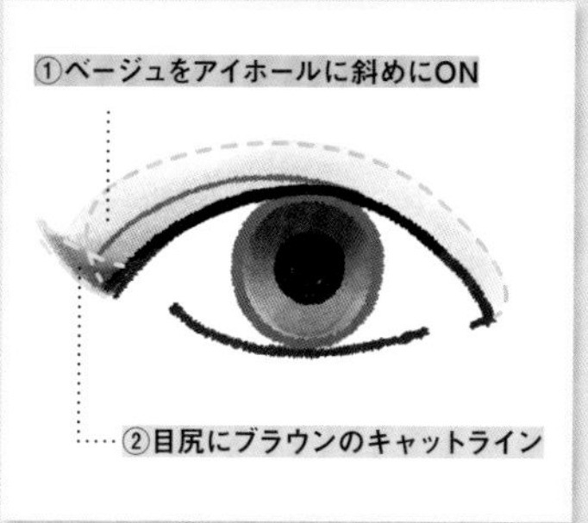

Q 奥二重の場合どうすればいい?

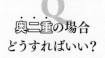

EYESHADOW

02

可愛さ倍増のタレ目で 妹キャラ風の甘えんぼLOOKに！

目尻タレシャドウ

ツリ目が気になる人、いつもより可愛く見せたい日はタレ目を選択。
日本女性のようにまん丸なタレ目ではなく、小さなくの字ラインでシャープさを残すのが韓国女優風。

1 ベージュシャドウで 目尻に三角の影をつくる

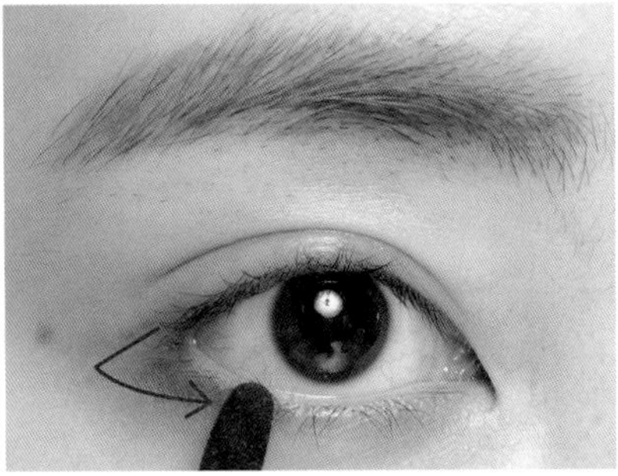

A-1 をチップにとり目尻の終わりから、下まぶたの黒目の端くらいの位置に向かって、くの字に色をのせる。目尻のくぼみを下げるイメージ。

Use it

p.80の
アイシャドウを
使用
1
2
B
A

A はp.80と同じ　**B** パワーポイント アイペンシル スタボーン ブラウン 2,860円／M･A･C　ウォータープルーフでメイク崩れしにくいブラウンのペンシルアイライナー。

HOW TO

A 下向きくの字シャドウを 広めにのせて タレ目を強調

①**A-2** を目尻にくの字にのせる。三角形の角が少し下向きになるようにのせタレ目に。②**B** で①よりも一回り小さなくの字を描く。③**A-1** で②のラインの縁をボカしつつ、全体をなじませたら完成。

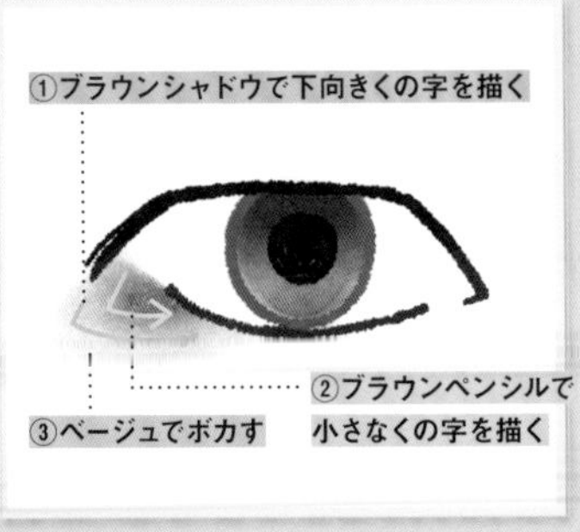
①ブラウンシャドウで下向きくの字を描く
②ブラウンペンシルで
小さなくの字を描く
③ベージュでボカす

Q 一重の場合 どうすればいい？

Before

濃いブラウンの
くの字ラインで引き締める

AFTER

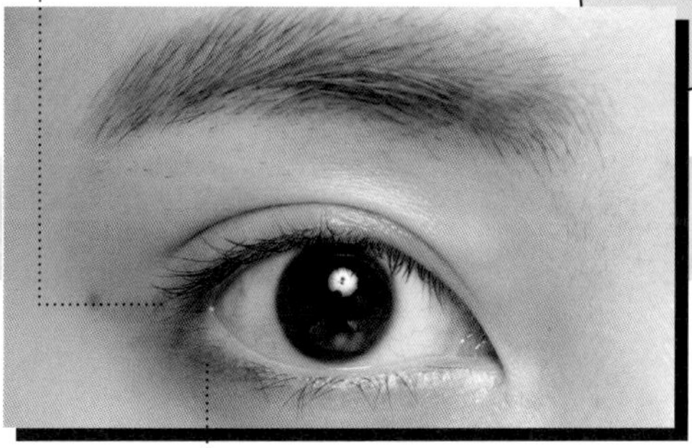

ベージュブラウンの
三角シャドウで自然なタレ目に

BEFORE

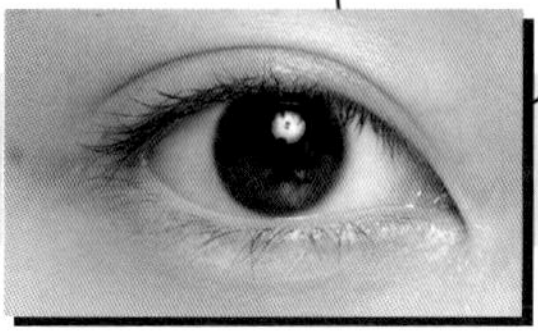

2 小さなくの字ラインで三角のグラデーションに

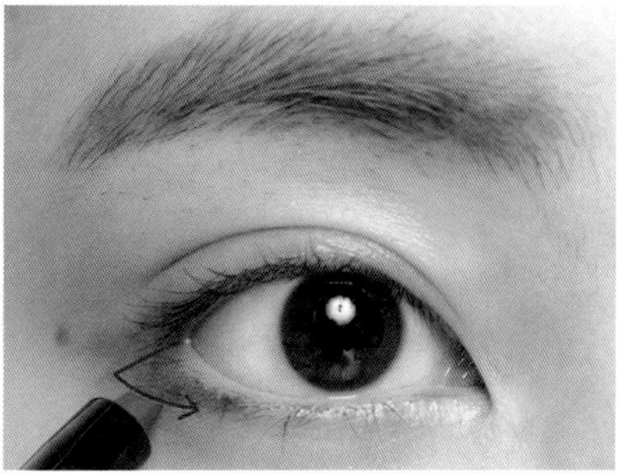

B で、1で描いたくの字よりも小さなくの字を描く。濃いブラウンのアイシャドウを使ってもOK！

3 筆でなじませ自然な影を完成させる

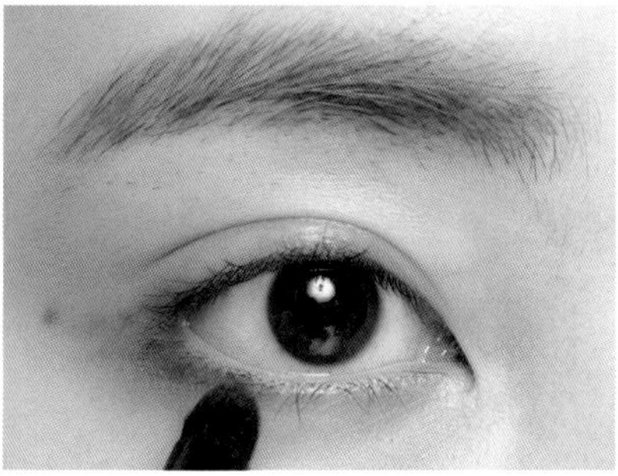

A-2 を少量筆にとって、2で描いたくの字ラインをボカす。1で入れたベージュシャドウとの境目をなくして目尻に自然な影をつくるイメージ。

Q 奥二重の場合どうすればいい？

A 黒目の上のブラウンシャドウが目尻を引き立てる

①黒目上に **A-2** をのせる。ここにブラウンをのせると、これより次にのせる目尻のくの字シャドウがより引き立つ。②目尻に **A-2** でくの字にシャドウをのせる。③ **B** で一回り小さなくの字を描きチップでボカす。

HOW TO

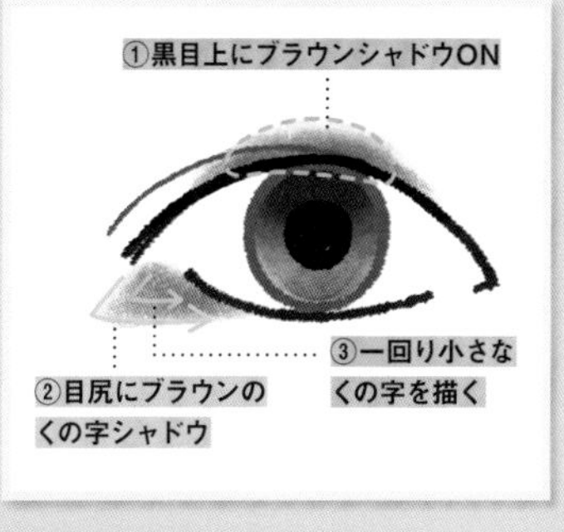
①黒目上にブラウンシャドウON
②目尻にブラウンのくの字シャドウ
③一回り小さなくの字を描く

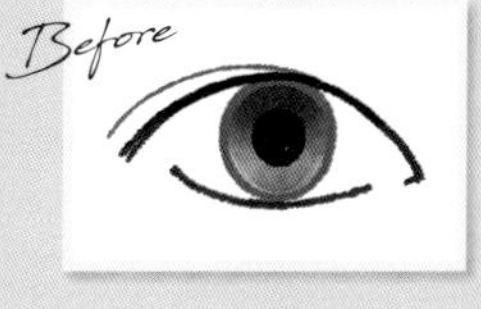
Before

EYE BAG
01

薄く描いたラインで
フレッシュなヒロイン風のぷっくり感を！
ぷっくり涙袋

涙袋があると目が大きく見えるだけでなく、ハリのある若々しい目元に見える効果があるのです。
目の下がペタッと平面な方は涙袋が必須です！

1 極薄ブラウンライナーで下まぶたに薄いラインを描く

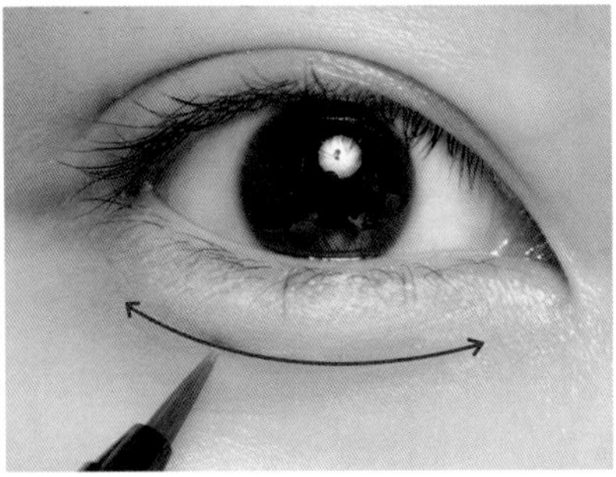

Aで、涙袋の下にラインを描く。目頭と目尻には描かないことでヌケ感を出す。笑ったときに出る下まぶたの線がラインを描く位置の目安。

Use it

Aケイト ダブルラインエキスパート LB-1 935円（編集部調べ）／カネボウ化粧品　涙袋や二重ラインをフェイクする極薄ブラウンライナー。 **B**はp.80と同じ

Q 涙袋メイクはティーンのイメージが……。30〜40代がやっても大丈夫ですか？

A 涙袋メイクはむしろ大人こそ習得するべきテクニックです！

10〜20代の女の子がしているような大粒ラメでキラキラにする涙袋や、白いアイシャドウをたっぷり塗る涙袋。それをそのままマネしてしまうと派手で、若作りをしているような印象を与えてしまうことも。ですが涙袋をつくるとは、目の下にハリがあるように見せること。目元のハリを演出することでより若々しく見せられるので、むしろ30代から始めるべきメイクの一つともいえます。恐れずチャレンジしてみてください！

AFTER

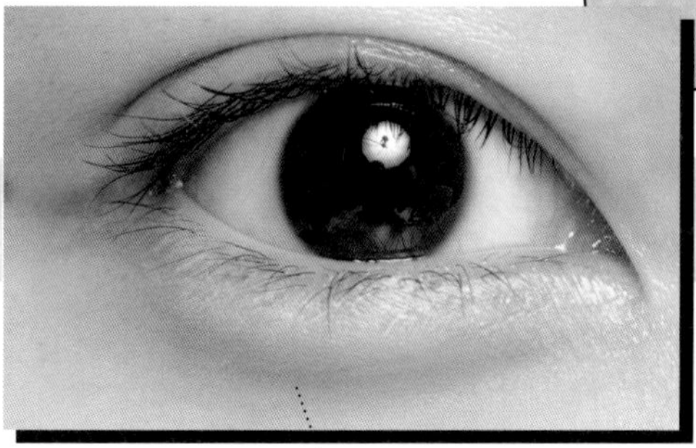

隠しラインで
涙袋をぷっくりさせる

BEFORE

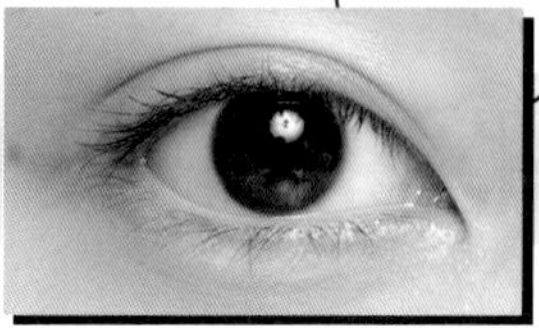

2 ベージュシャドウで ラインをボカして自然に

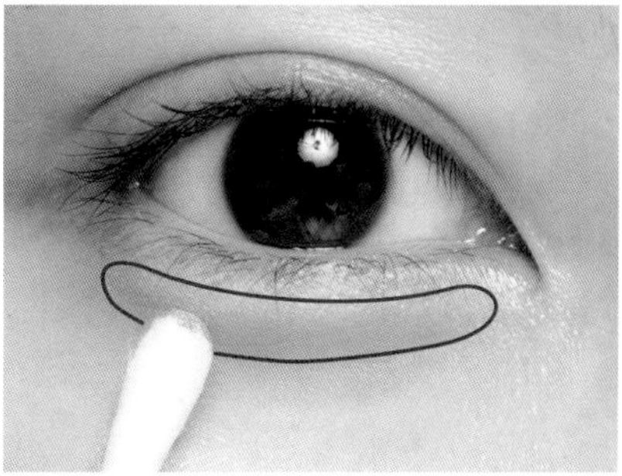

B-1 を綿棒にとって、1で描いたラインにのせて線をボカす。綿棒は左右に動かす。上下にボカすとクマのように広がってしまうのでNG！

3 コンシーラーで くすみ・クマは一掃！

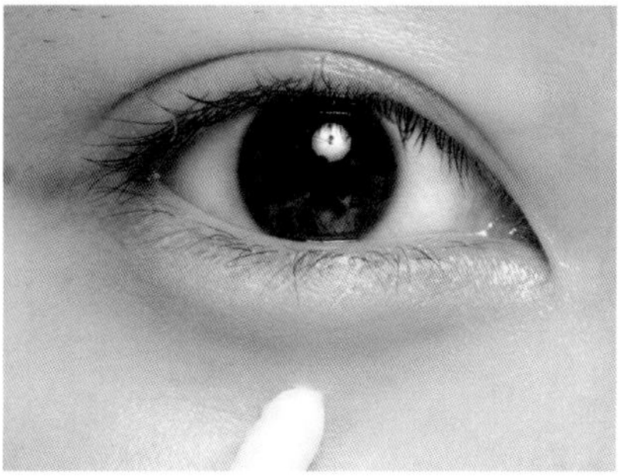

広げすぎてしまったベージュシャドウや、気になる場合クマはコンシーラーで軽くカバー。丁寧に仕上げないと目が逆にぼやけて見えるので注意。

Q 涙袋って、目元がもたついて見えそう……

A やりすぎ厳禁。もたつきが気になる人はコンシーラーのみにとどめて

年を重ねると目の周りのもたつきや小ジワが気になってくるのは仕方のないこと。だからこそp.32-37の骨格矯正の3法則でお伝えしたとおり、まずはコンシーラーでふっくらさせてみてください。目元のアラを隠す効果もあるからです。そして涙袋ラインを描きすぎたり、大粒ラメをのせすぎたりすると逆に下まぶたに目線がいって、もたついて見えることがあるので、もたつきが気になる人はやりすぎないことをオススメします。

EYE BAG

02

肌なじみのいいベージュパールで
女優オーラたっぷりの華やかEYEに
うるツヤ涙袋

ポイントでパールを投入することにより、涙袋を立体的に見せるだけでなく、顔全体が華やかに！
デイリーはもちろんですがデートなどの特別な日にもオススメ。

1 ベージュシャドウをのせて下まぶたの存在感を強調

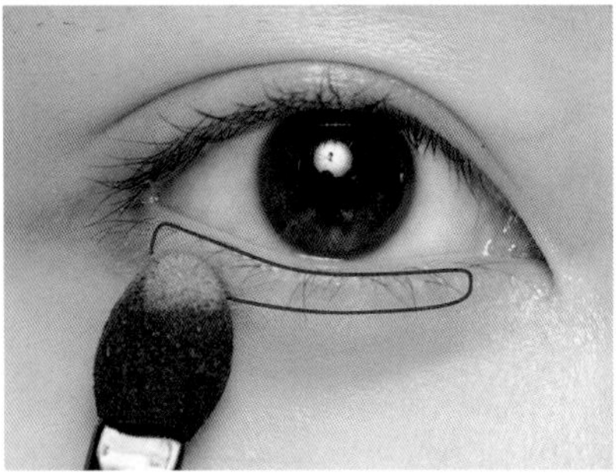

下まぶたのキワに太めに **A-1** をのせる。目頭と目尻のキワは5㎜程度あけておく。ベージュシャドウでニュアンスが生まれ下まぶたに存在感が。

Use it

A はp.80と同じ　**B** 3CE EYE GLINT ＃MOON PIE 1,610円／STYLENANDA 原宿店　華やかなシャンパンゴールドのスティックアイグリッター。

Q 下まぶたのメイク崩れが気になります。メイクを長時間キープするコツはありますか？

A スキンケアが乾く前にメイクする＆厚塗りこそメイク崩れの原因！

目の周りの小ジワや乾燥が気になり、アイクリームなどで保湿する方が多いと思います。それは全く問題ないのですが、肌がベタベタした状態でメイクを始めてしまうと、メイク崩れの原因に。ファンデやコンシーラーを重ねすぎることもメイク崩れの原因になります。だからこそp.32-37の骨格矯正メイクの3法則では目の周りにファンデを塗らないようお伝えしているのです。塗りすぎなければメイクも崩れない、逆転の発想が必要です。

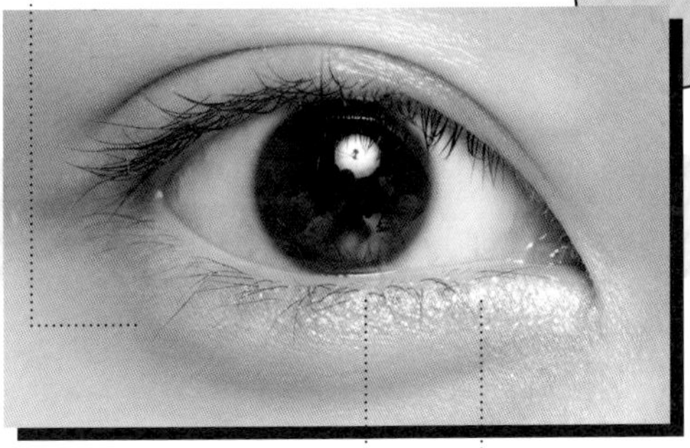
AFTER
下まぶた全体を
ベージュシャドウでふっくらさせる
繊細パールシャドウで
目をウルッとさせる
ラメシャドウで
クリアな目元に

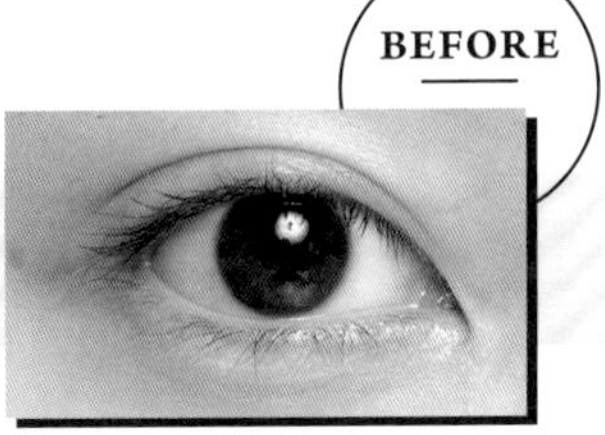

2 目頭にだけラメシャドウを足し白目の透明感を引き出す

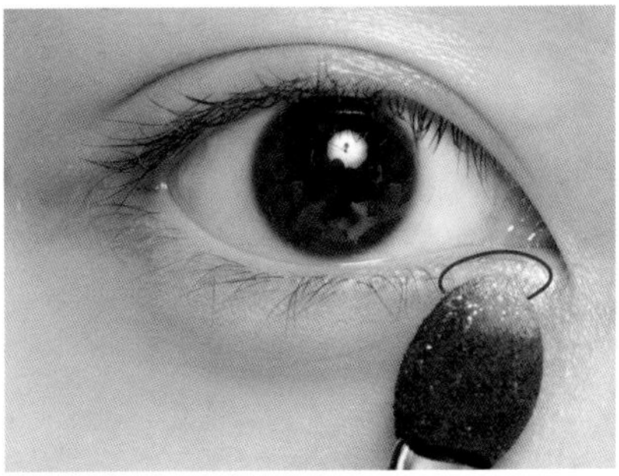

A-2 をチップにとって、目頭に5㎜くらいの幅でのせる。ここにラメシャドウをのせることで下まぶたがふっくらし、瞳をクリアに見せる効果も。

3 黒目の下にパールシャドウをのせてうるんだ瞳に

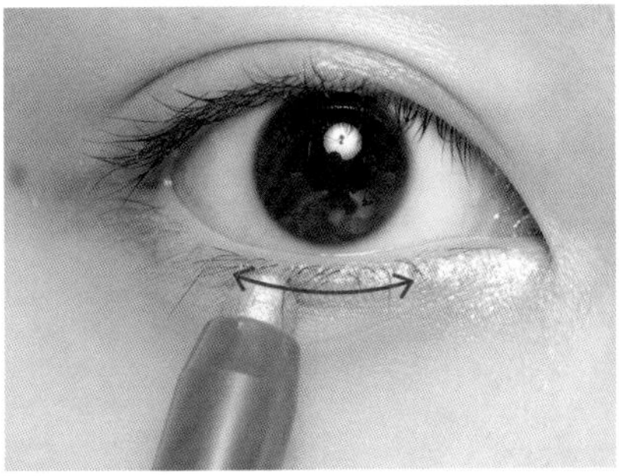

B で、下まぶたの中央に黒目幅くらいの細いラインを描く。下まぶた全体にのせるとギラギラしすぎて子どもっぽくなるので注意。

Q 下まぶたのくすみやクマが気になります。涙袋メイクをすると余計目立ちそう……

A くすみやクマに使うコンシーラーよりもワントーン明るい色で涙袋を

くすみやクマが気になる方は涙袋ラインを描きすぎたり、ベージュシャドウをのせすぎたりしないよう気をつけてください。p.32-37の骨格矯正メイクの3法則のとおり、コンシーラーで涙袋の土台をつくるのがベストです。そうすればアラをカバーしつつ、自然な涙袋を演出できます。ただ、涙袋とくすみ・クマに使うコンシーラーの色にメリハリをつけること。これが涙袋の立体感を出すコツです。ワントーンのコンシーラーで仕上げると、涙袋が目立たずのっぺりしてしまうので注意！

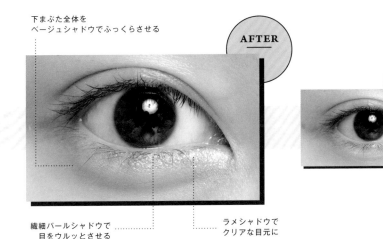

EYELINE

01

少しだけ長くした目尻ラインで 韓国女優風のあどけなクールな目元に

目尻強調フレームライン

目尻長めのアイラインで、切れ長にするのが韓国女優メイクには欠かせない！
長くしすぎるとギャルっぽくなってしまうのでやりすぎには注意して。

ココに隙間があるのはNG

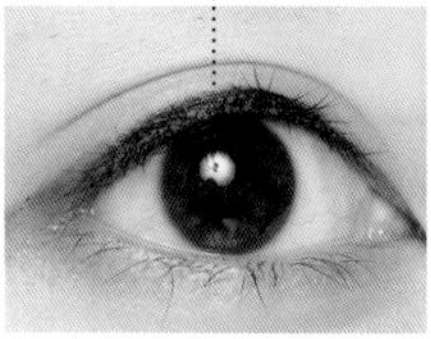

粘膜にラインを描かないと正面から見たときに隙間ができて、"ラインを描いている感"が出てしまうので注意。

1 上まぶたの粘膜にペンシルでインラインを描く

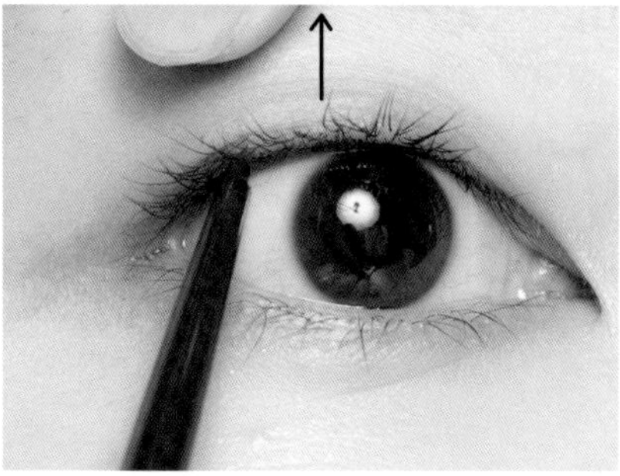

上まぶたを持ち上げ**A**で粘膜にインラインを描く。一気に目頭から目尻まで描こうとせずペンシルを細かく動かしながら描くとキレイに仕上がる。

Use it

Aヒロインメイク ロングステイ シャープジェルライナー 01 1,100円／KISSME（伊勢半） スルスル描ける黒のジェルアイライナー。**B**シルキーリキッドアイライナー WP 漆黒ブラック 1,430円／ディー・アップ にじみにくい黒のリキッドアイライナー。

HOW TO

Q

一重の場合どうしたらいい？

A いさぎよく目尻にだけラインを描いてにじみ防止

p.90の**A**のジェルライナーで目尻にだけ横に細いラインを描き足す。一重の方には発色がよく先のとがったラインを描きやすいジェルライナーが好相性。目元がよりくっきりし、しかもにじみにくいのが◎。

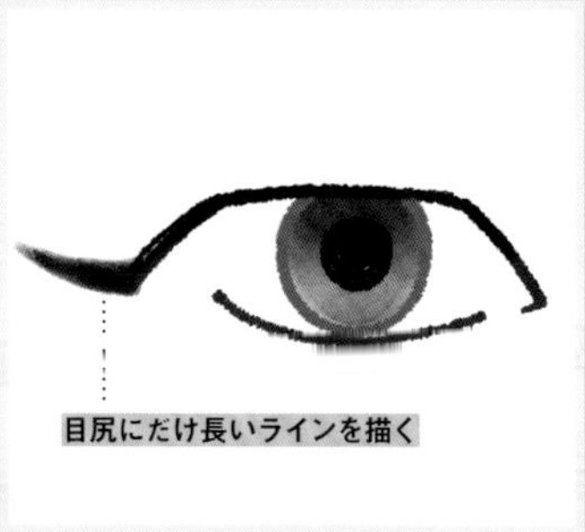

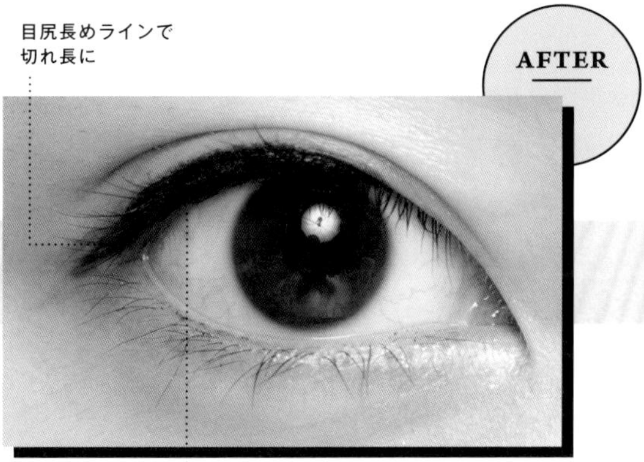
インラインで目の
フレームをくっきりさせる

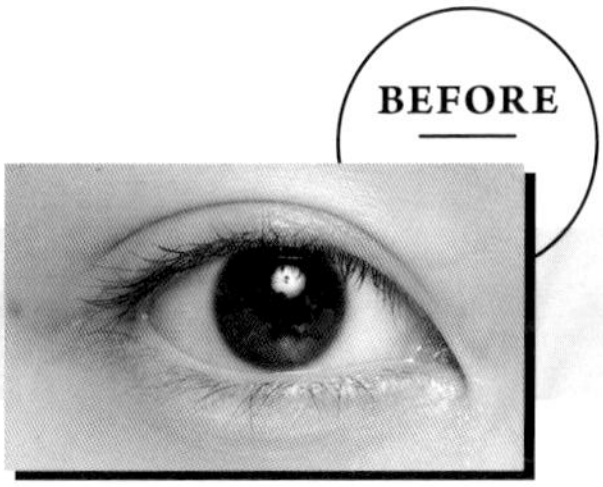

2 まつ毛の上に目尻長めの細〜いラインを描く

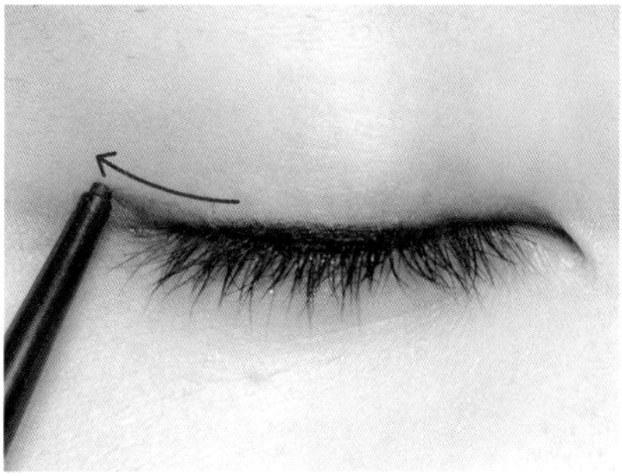

目頭から目尻に向かって**A**でラインを描く。まつ毛の上ギリギリにできるだけ細く描いて。目尻からは5㎜程度横に長くする。

3 リキッドライナーでまつ毛の間をきちんと埋める

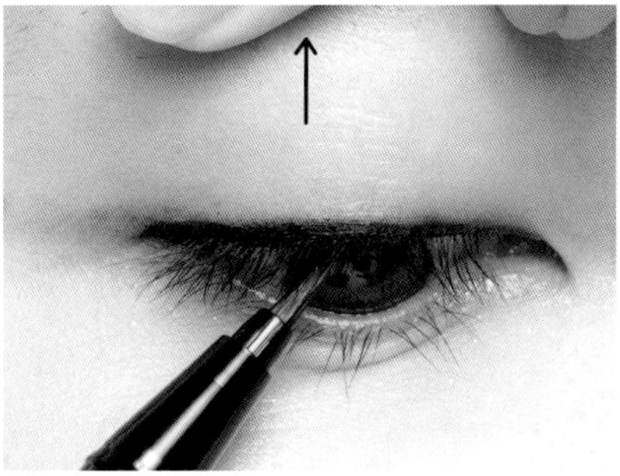

Bでまつ毛の間を埋める。上まぶたを軽く持ち上げると描きやすい。隙間のないパーフェクトなアイラインも韓国女優顔の必須条件！

Q 奥二重の場合どうしたらいい？

A 二重幅を活かすインライン＆目尻ラインが正解

①上まぶたを軽く持ち上げ**A**で目頭から目尻までインラインを描く。まつ毛の間も埋める。まつ毛の上にラインを描くと二重幅が狭くなって、目が小さく見えるのでNG。②**B**で目尻に横長ラインを描く。

HOW TO

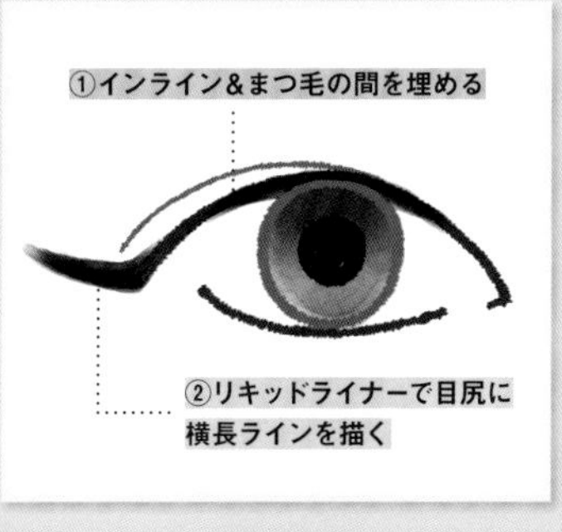

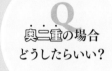

EYELINE

02

整形級に目がワイドに！
オリエンタルなツリ目にイメチェン
切開ライン

目頭にラインをプラスするだけで、目力が倍増し、グッと吸引力のあるまなざしが手に入ります。
両目がはなれていると感じる方も挑戦してみて！

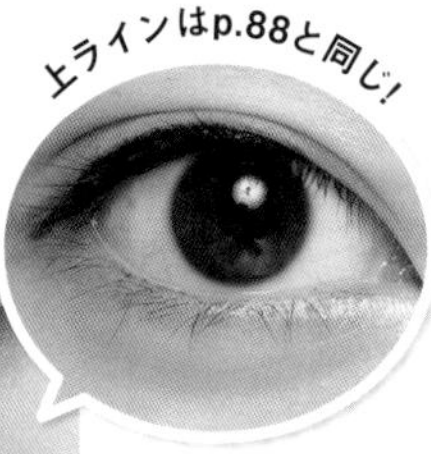
上ラインはp.88と同じ！

1 目頭の内側にラインを描き少しはみ出させ奥行きを

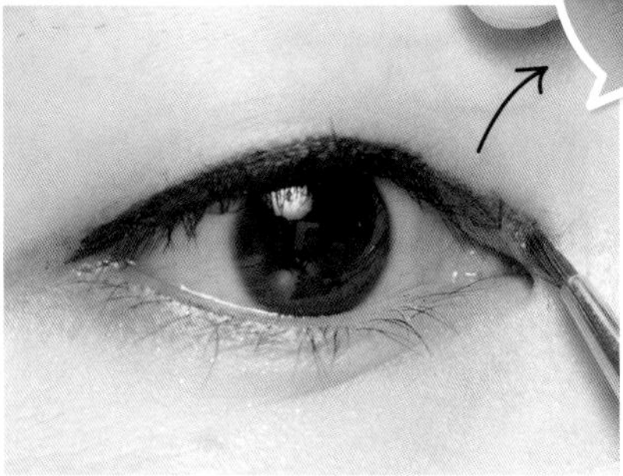

目頭の上のまぶたを鼻のほうに軽く持ち上げる。**A**を筆にとり目頭の内側にインラインを。目頭から1㎜程度はみ出して描く。

Use it

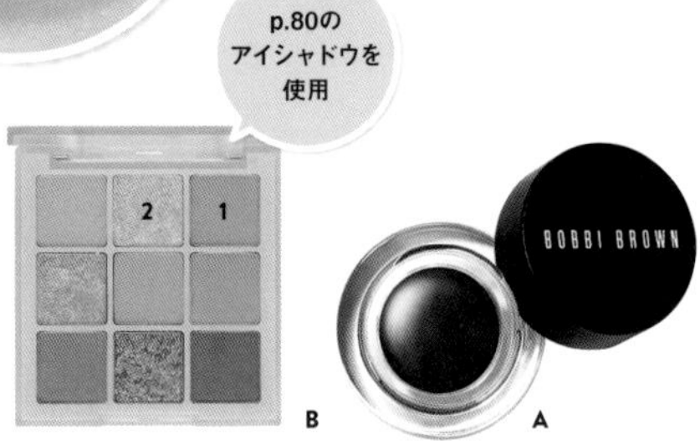
p.80の
アイシャドウを
使用
2
1
BOBBI BROWN
B
A

Aロングウェア ジェルアイライナー 01 3,630円／ボビイ ブラウン 鮮やかな黒に発色し、なめらかにラインが描けるジェルライナー。 **B**はp.80と同じ

Q 一重の場合どうしたらいい？

Before

HOW TO

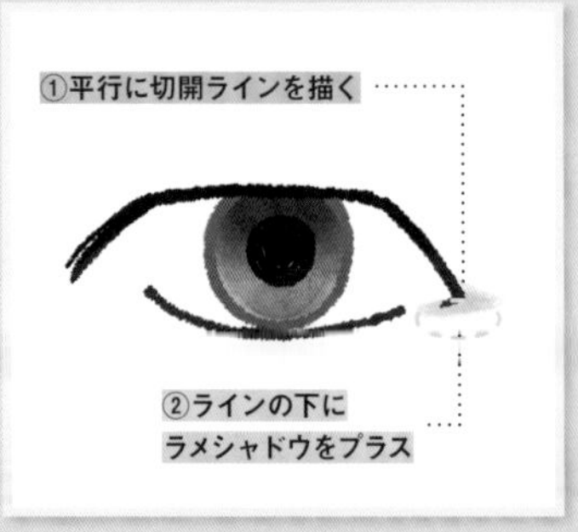
①平行に切開ラインを描く
②ラインの下に
ラメシャドウをプラス

A 並行な切開ラインとポイントラメで柔らかムードに

①一重の方は切開ラインに角度をつけてしまうと目がきつく見えがち。**A**で切開ラインを短く平行に描くのがポイント。②**B-2**をラインの下にちょんとポイントで置く。ラメシャドウで柔らかい印象に。

目頭の内側にもラインを
描いて奥行きを生み出す

AFTER

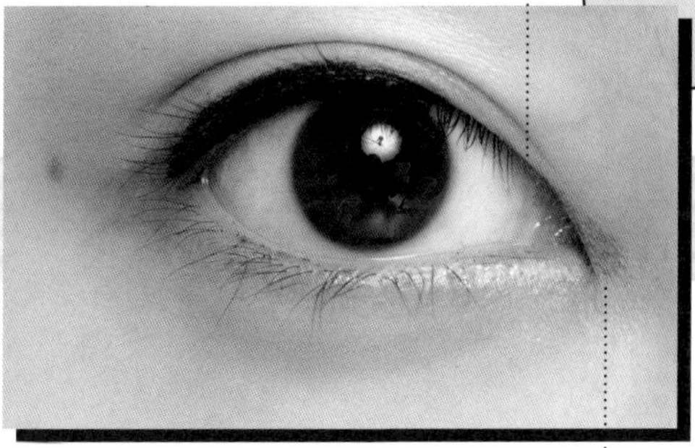

BEFORE

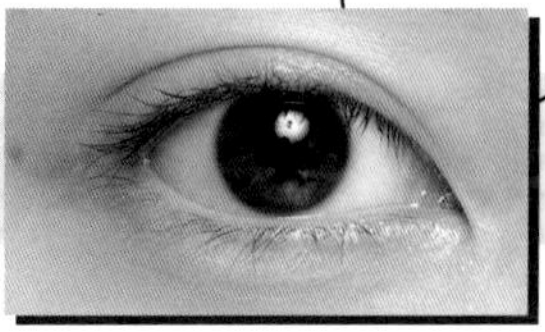

切開ラインで
目を横に拡張

2 ベージュシャドウを重ねて切開ラインをボカす

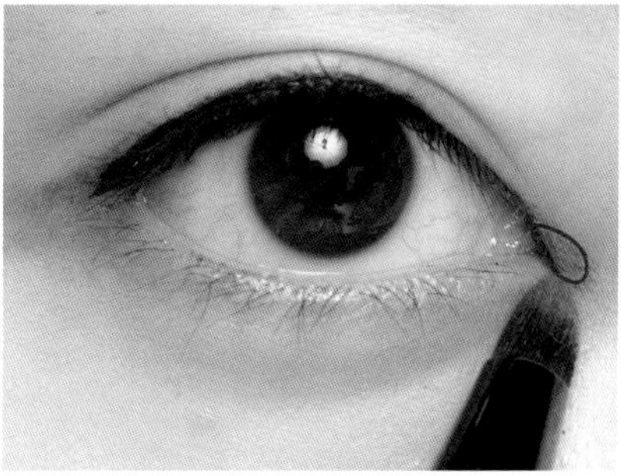

目頭からはみ出させた切開ラインがくっきりしすぎているとギャルメイクのようになるので、 **B-1** を重ねてボカす。このひと手間で大人っぽく見える。

3 最後に綿棒でキレイに整えたら完成！

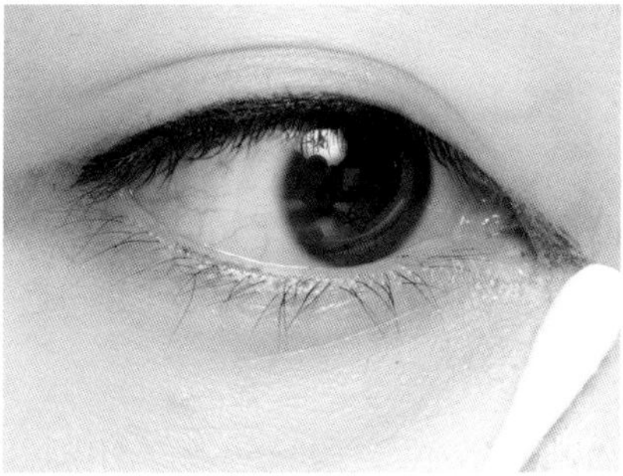

ベージュシャドウがなじむように綿棒で軽くなぞって肌に密着させる。余分なシャドウもオフできて、メイク崩れ防止にも！

Q 奥二重の場合どうしたらいい?

Before

A 角度のない平行の切開ラインでキツさを和らげる

切開ラインの先を下げてしまうとツリ目度が高まって目がきつく見えがち。**A**で切開ラインを平行に描いて。切開ライン自体を太くすることで目を大きく見せる効果も。 **B-1** でラインをボカす。

HOW TO

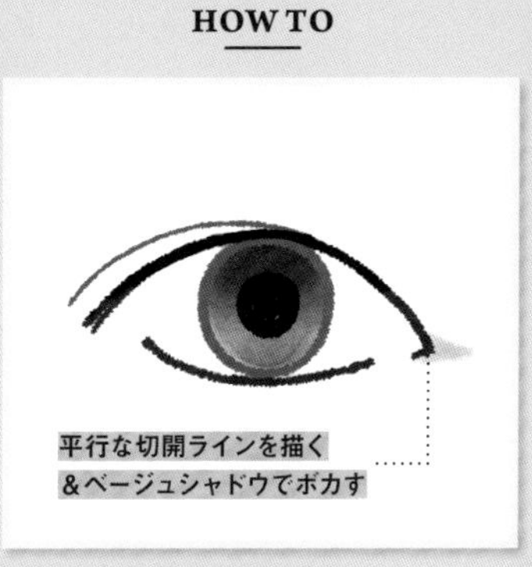
平行な切開ラインを描く
&ベージュシャドウでボカす

EYELINE
03

下まぶたにもラインを描き ときには悪女感を楽しんで
囲みMODEライン

清純派風だけでなく、気の強い悪女役の女優風になりたい日も！
そんなときは下まぶたにもラインを仕込んでいつもより強気なメイクを楽しんで。

1 ペンシルライナーで下まぶたにインラインを

上ラインはp.88と同じ！

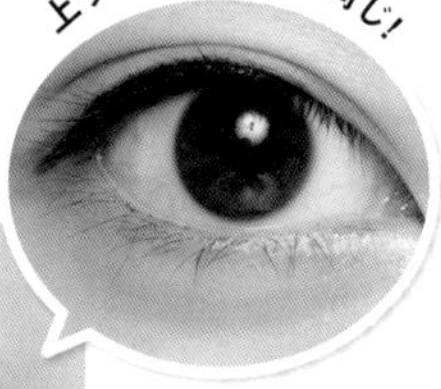

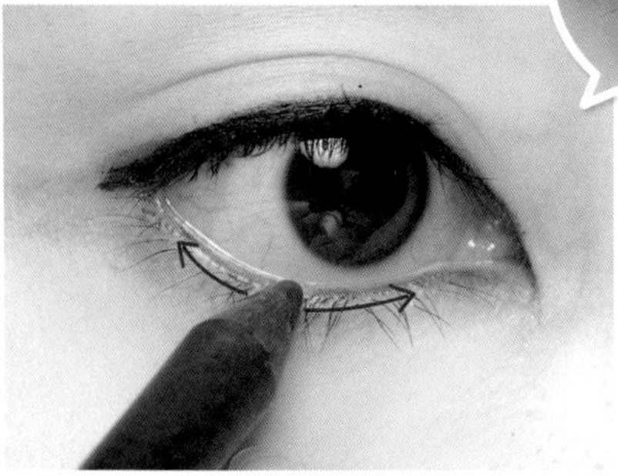

Aで下まぶたの粘膜にラインを描く。ペンを細かく動かして描くとキレイに仕上がる。芯先が細いと色がつきにくいので先に丸みのあるものをセレクト！

Use it

A

パワーポイント アイペンシル スタボーンブラウン 2,860円／M·A·C　肌なじみのいい深みブラウンのペンシルアイライナー。

Q

一重の場合どうしたらいい？

A

明るめブラウンのペンシルライナーでヌケ感を出す

一重の方が囲みラインにするときつく見えがちなので、柔らかく見える明るい色のブラウンライナーを。インラインを描いたら、綿棒でボカす。目頭は5㎜程度あける。

HOW TO

下まぶたの
粘膜にブラウンのラインを仕込む

AFTER

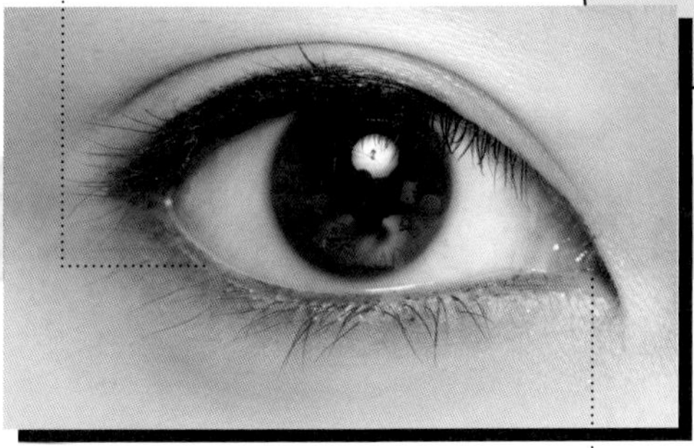

BEFORE

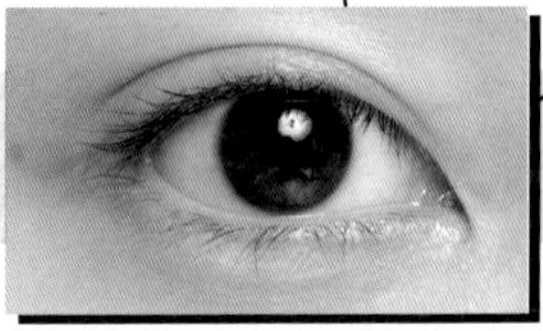

目頭は描かない！

2 目頭をあけておくことで ヌケ感のある目をキープ

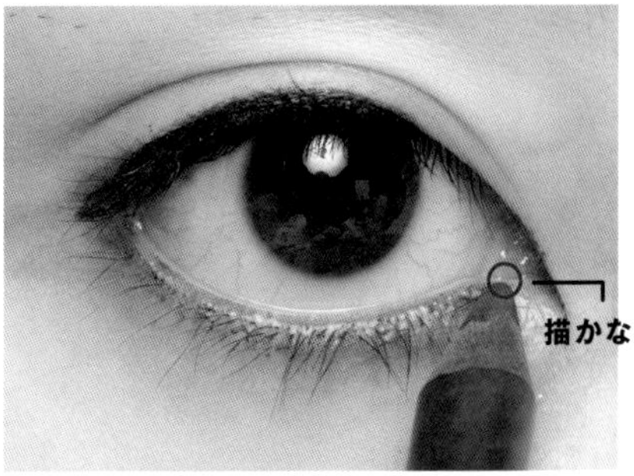

目頭は5mm程度隙間をあけて、下まぶたのキワにもラインを入れる。

3 綿棒でまつ毛の間を埋める ひと手間がデカ目のコツ

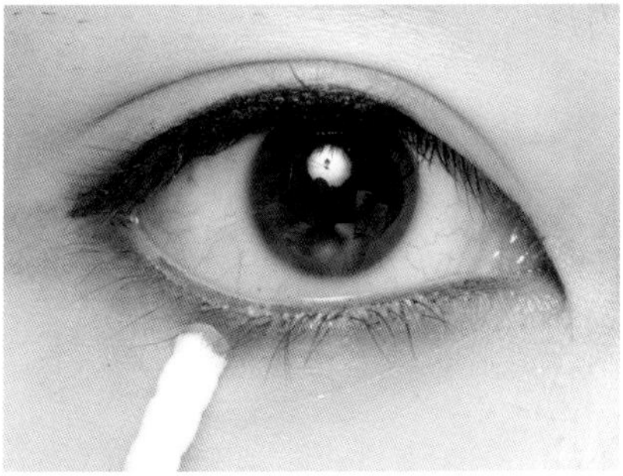

綿棒でラインをボカしながらムラのないラインに仕上げる。インラインは下まつ毛の間を埋めると密度の高い下まつ毛が演出できる効果も。

Q

奥二重の場合
どうしたらいい？

A 黒のライナーで ラインを描いて ザ・韓国EYEに挑戦

奥二重の方は二重の方と同じ描き方でOK。韓国女優にも多い奥二重の方こそ、思い切って黒の囲みラインに挑戦して。「きつく見える」なんてあきらめず、韓国女優に似た目元を活かしてみて。

HOW TO

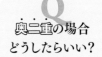

EYELINE

04

下まぶたに直線ラインを仕込んで目幅を大胆に拡大！

目尻拡大上下ライン

韓国女優メイクの中でも独特なのがこのラインの描き方。目幅をぐっと広げることで妖艶でミステリアスな雰囲気に。特にアイメイクを濃くしたい日に！

1 ブラウンのリキッドで目尻に長めラインを描く

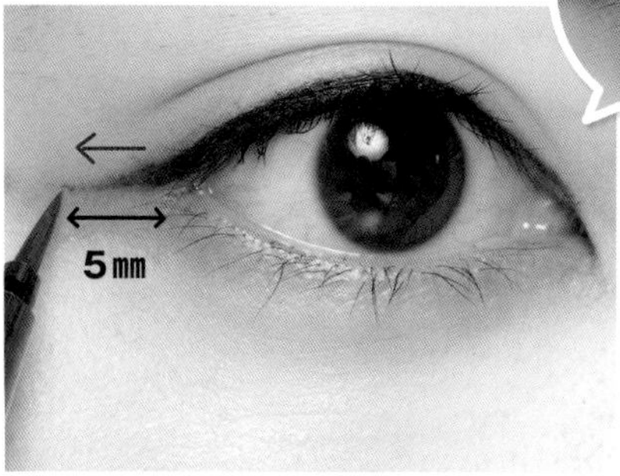

p.88の上ライン(黒)を描いてからスタート！

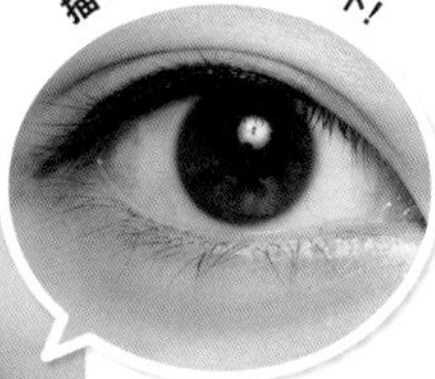

目頭から目尻まで描いた黒ラインに、**A**でラインを描き足す。目尻から約5㎜長くする。目尻だけブラウンを使って少し優しい印象に。

Use it

p.80のアイシャドウを使用

B

A

Aヒロインメイク プライムリキッドアイライナー リッチキープ 03 1,320円／KISSME（伊勢半）　ほんのり赤みのあるブラウンリキッドアイライナー。 **B**はp.80と同じ

A

2本のラインをタレぎみ＆長めにして優しい印象に

①**A**で目尻から長めのタレ目ラインを描く。ラインを長めに描くことで目幅も広がって見える。②**A**で下まぶたに黒目の端から①と平行なラインを描く。③**B-1**で下のラインをボカしたら完成。

HOW TO

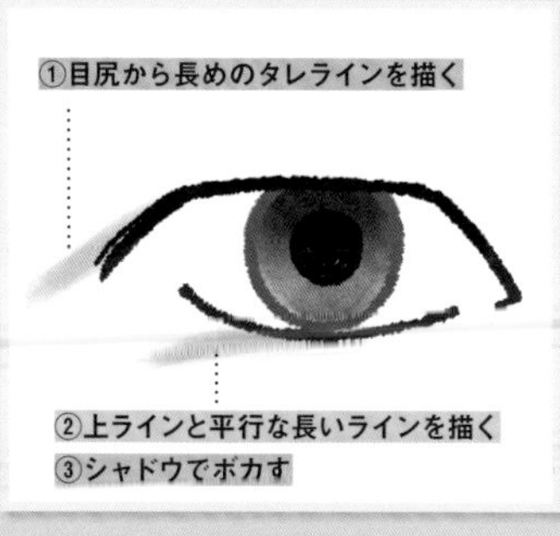

Q
一重の場合どうしたらいい？

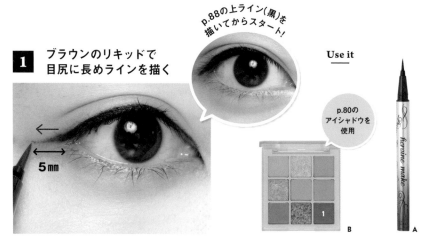

2本のラインを
平行に描いて目幅をタテに広げる

AFTER

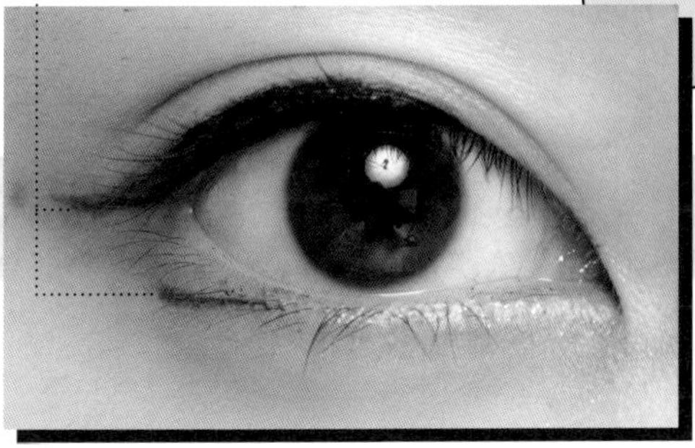

BEFORE

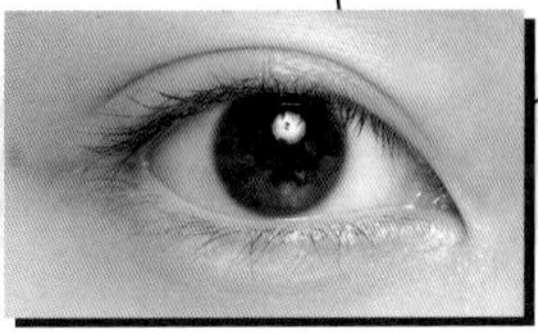

2 下まぶたの形を無視した ラインを目尻にだけ投入！

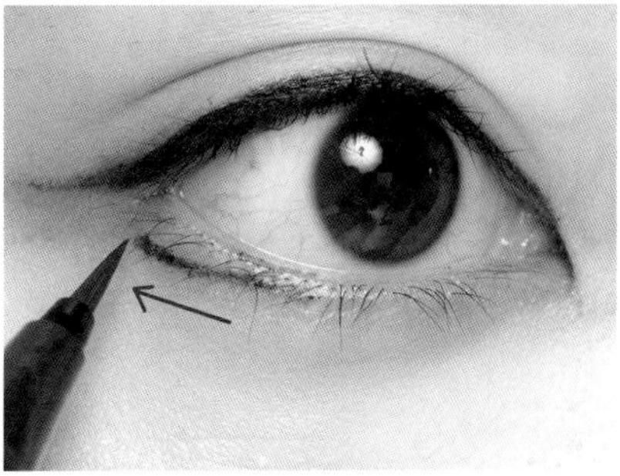

A で黒目の端から目尻に向かって下まぶたに直線を描く。少しだけ目尻に向けて斜めに描く。目幅が狭い方は目尻のラインと平行に。

3 下まぶたのラインをボカし 影をつくってなじませる

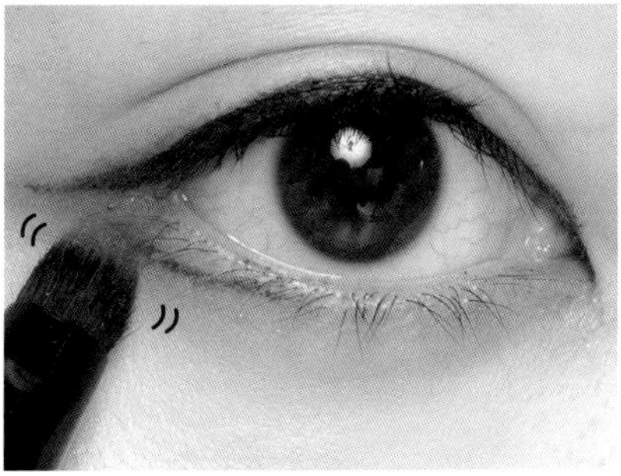

B-1 を筆にとり2で描いたラインをボカして完成。目尻がタテにも横にもグッと広がって見え、妖艶な雰囲気がUP。別人級に変身可能！

Q 奥二重の場合どうしたらいい？

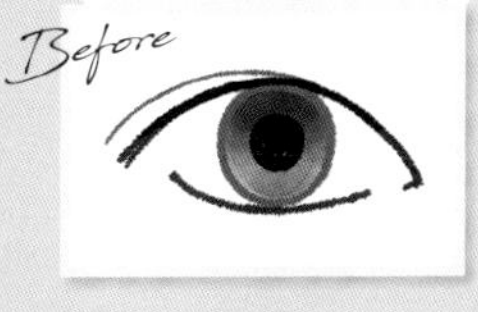
Before

A 2本のラインをタレぎみにして優しい印象に

①**A** で目尻からタレ目ラインを描く。タレ目にすることで奥二重が優しい印象にシフトする。②黒目の端から **A** で①と平行なラインを下まぶたに描く。③ **B-1** で下のラインをボカしたら出来上がり。

HOW TO

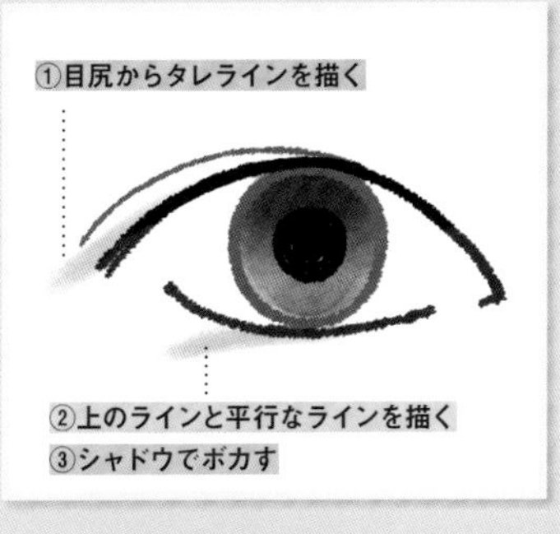
①目尻からタレラインを描く
②上のラインと平行なラインを描く
③シャドウでボカす

LIP

01

ピンクの2色重ねで
内側からにじみ出るような血色感を！
うぶかわグラデリップ

若手韓国女優のような可愛らしいメイクがしたい、即韓国っぽい雰囲気を手に入れたい、
そんな日は内側から上気しているようなじゅんわりグラデリップに挑戦！

1 ティントリップを下唇に塗ってなじませる

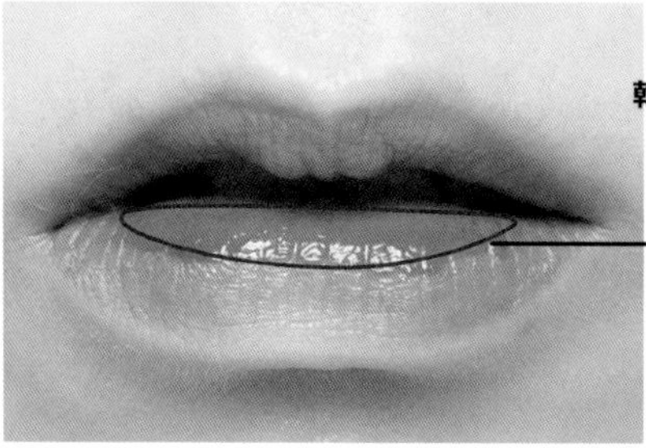

A を下唇の内側に塗る。そのまま少し放置して色を唇に浸透させる。もっと濃くしたい場合は二度塗り、三度塗りで好みの色に。

Use it

A ロムアンド ジューシーラスティングティント #チェリーボム 1,457円／DHOLIC COSME　ツヤ唇に仕上がる赤ピンクのティントリップ。 **B** LAKA スムースマット リップスティック 08LINZY 1,980円／I-ne　透明感あるピンクベージュのソフトマットリップ。

HOW TO

A オーバーにふちどる&中央のティントを厚めに塗る

①最初に **B** を筆にとって、オーバーめに輪郭をとり唇の中央以外に塗る。②**A** を中央に塗り少し放置して唇に色を浸透させる。唇が厚く見えるようにぶ厚めに塗るとぽってりとした厚みのある唇に仕上がる。

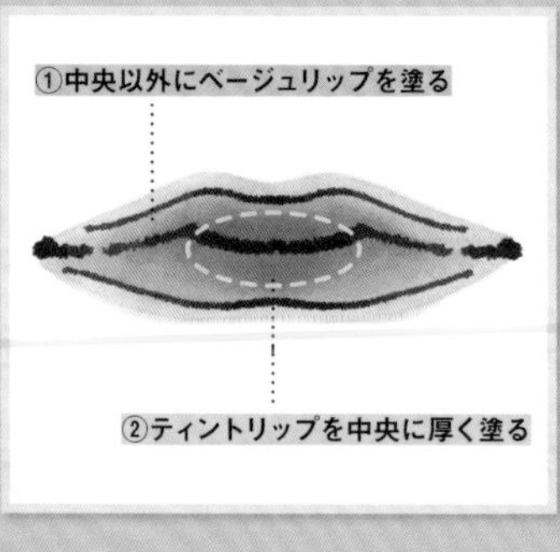

Q 唇が薄い場合どうしたらいい？

内側だけ
ティントリップを重ね血色感を！

AFTER

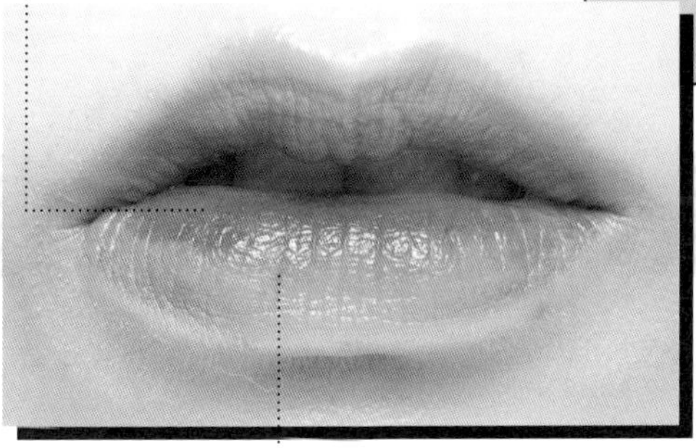

ピンクベージュリップをグラデに
するとオシャレ度UP

BEFORE

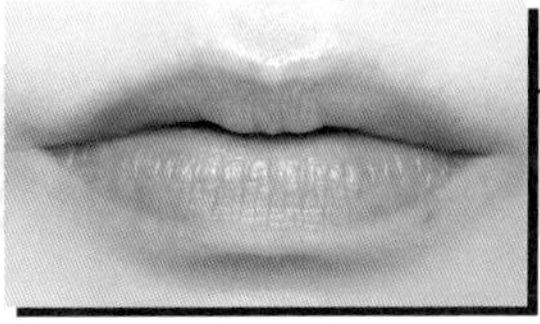

2 唇の内側を合わせて上唇も色づける

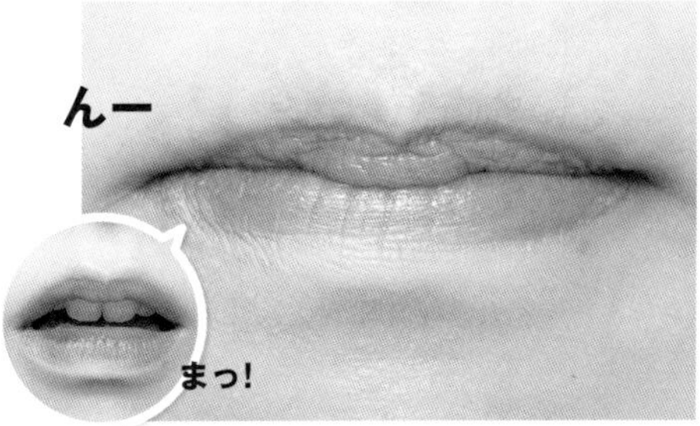

んー
まっ!

上下の唇を軽くこすり合わせて、上唇にも色をつける。内側にだけ色をつけたいので、全体になじませないように気をつけて。

3 周りをピンクベージュリップで塗ったら出来上がり

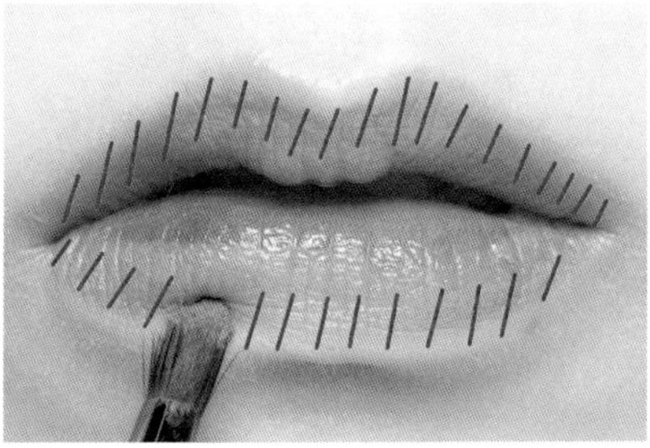

B を筆にとったら、**A** を塗っていない部分に塗って2色のグラデーションにする。軽く指で叩いて境目をなじませる。

Q 唇が厚い場合どうしたらいい？

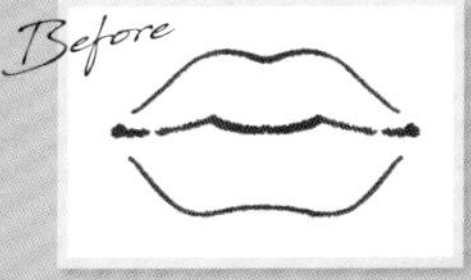

Before

A コンシーラーで唇の輪郭をボカしてから！

①手持ちのコンシーラーを唇の周りに塗り、指で叩いて輪郭をボカして唇を薄くする。②下唇の内側に**A**を薄く塗り、上下の唇をこすり合わせて色をなじませる。③ **B** を②の周りに塗る。

HOW TO

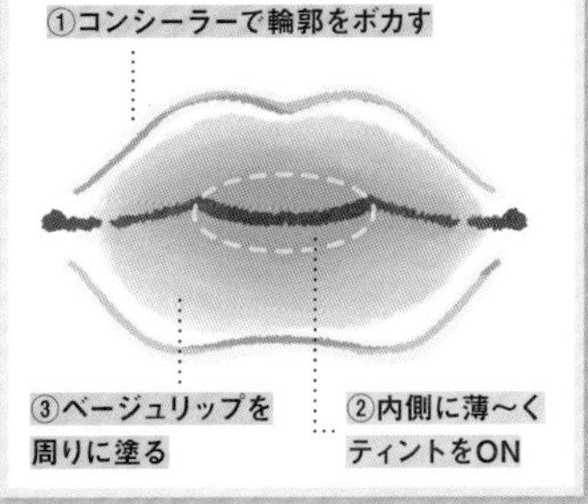

①コンシーラーで輪郭をボカす
③ベージュリップを周りに塗る
②内側に薄〜くティントをON

LIP

02

透け感レッドならNOTバブリー！
媚びない色気でクールビューティに
強めくっきりリップ

韓国ドラマに出てくる“できる女”といえば、強めの赤リップが定番。
輪郭をキリッとさせることでさらにパワフルな印象を手に入れられます！

1 口角の上がった ふちどりラインを描く

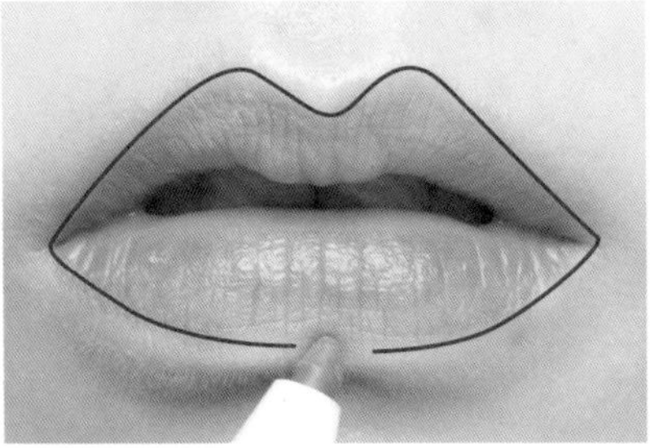

Aで唇の輪郭をふちどる。最初にふちどることで後から塗る赤リップがはみ出しづらくなる。口角は少し上げて描くと好印象に。

Use it

pep! balm
Silky Lasting
LIP PENCIL
B
A

Aミシャ シルキーラスティングリップペンシル エンジェルチーク／ヘア＆メイク私物　青みピンクのリップペンシル。 **B**アイムミミ ペップバーム 001 880円／DHOLIC COSME　クールなレッド。リップにもチークにもなるマルチバーム。

A オーバーにふちどってふっくら見せ

①**A**で輪郭を直線的なラインで囲む。もともとの輪郭よりもオーバーにふちどりふっくらさせる。口角は少し上げる。②**B**をラインの内側に塗る。③指で軽く輪郭をなぞりボカすとふっくら感がUP。

HOW TO

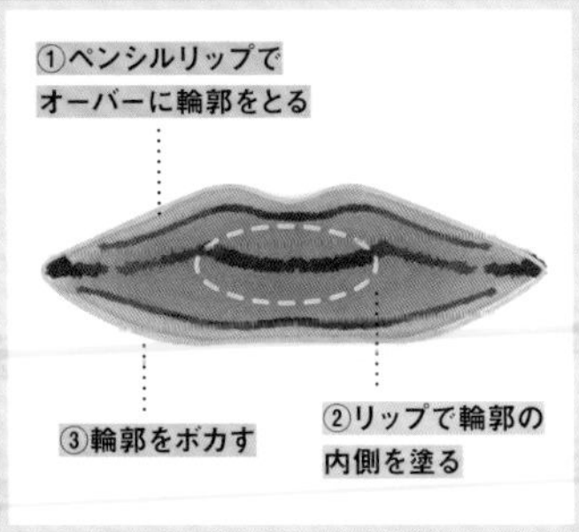
①ペンシルリップで
オーバーに輪郭をとる
③輪郭をボカす
②リップで輪郭の
内側を塗る

Q
唇が薄い場合どうしたらいい？

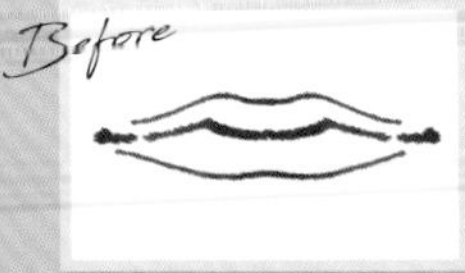
Before

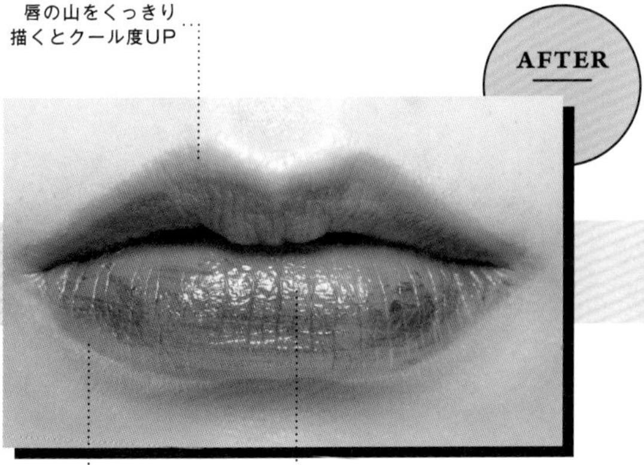
唇の山をくっきり
描くとクール度UP
直線でふちどって
強い印象に
透けレッドで
ヌケ感を出す

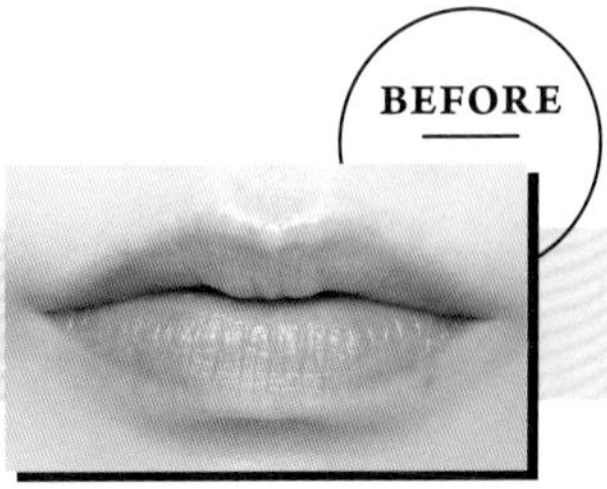

2 ふちどりラインの中を透け赤リップで塗る

B を筆にとり、1で描いたふちどりラインの中を塗る。赤リップは派手になりがちなので、透け感のあるタイプがオススメ。

3 直線的なラインを描いてクールな唇に仕上げる

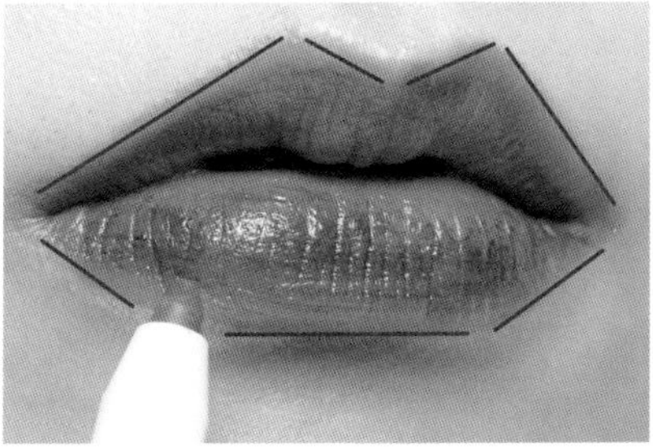

A で再度輪郭をとってキレイに仕上げる。一辺一辺を直線的に描くことでキリッとした唇が完成する！ 口角を下げないよう注意して。

Q 唇がぶ厚い場合どうしたらいい?

A ティッシュオフし色をなじませてボテッと感を払拭

①**A** でもともとの唇の輪郭よりも少し内側をふちどる。②**B** をふちどりの中に塗ったらティッシュオフ。余分なリップをオフして色をなじませることでボテッと感を軽減。③中央に **B** で色を足して引き締める。

HOW TO

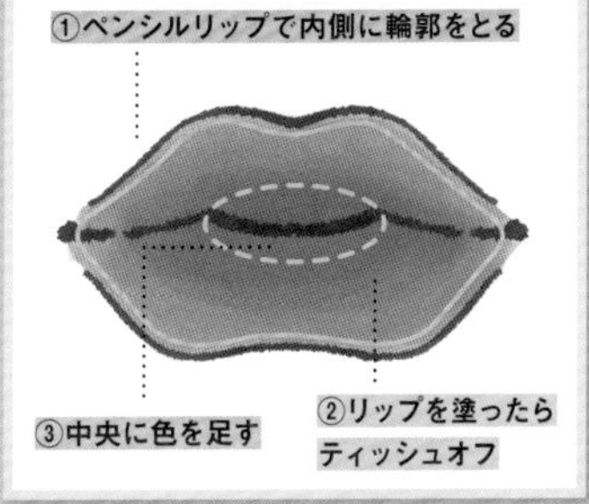

③中央に色を足す

LIP

03

肌なじみのいいベージュなら
自然なふっくら感でさりげにセクシー
色っぽぽってリップ

日本のメイクのようにグロスでツヤを出し、可愛くふっくらさせるのではなく、
ヘルシーなベージュリップで、ふっくらさせつつ色気を醸し出すのが韓国女優風！

1 ベージュリップをラフに直塗りする

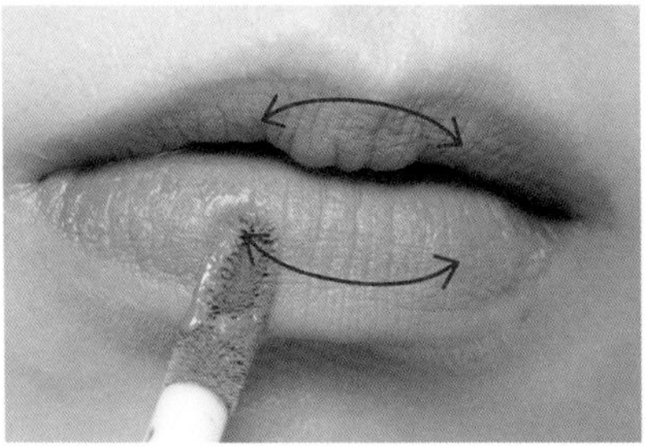

Aを全体に直塗り。後で輪郭をキレイにとるので、ラフに塗ってOK。ベージュならしっかり色づけても浮かずにふっくら感を演出できます。

Use it

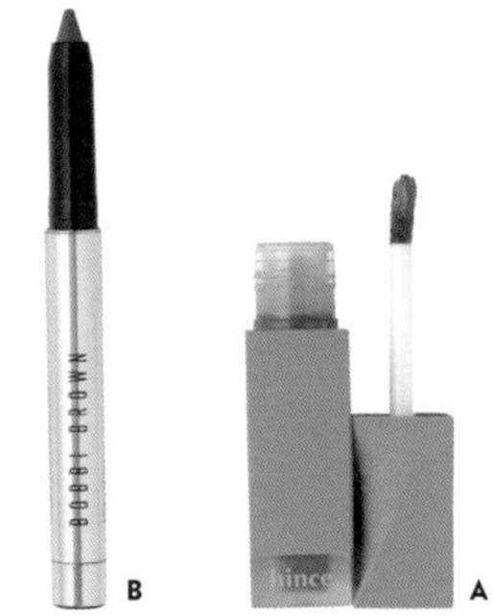

BOBBI BROWN
hince
B
A

Aムードインハンサーリキッドマット オウンスキン 2,350円／hince　肌なじみのいいヌーディベージュのマットリップ。 **B**リュクス ディファイニング リップスティック 03 4,620円／ボビイ ブラウン　見たままの色に発色するピンクベージュのペンシルリップ。

Q 唇が薄い場合どうしたらいい？

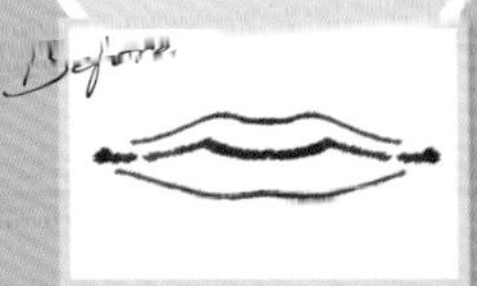

Before

A オーバーなふちどりとグロスのサンドイッチでふっくら見せる

①**B**で唇の輪郭よりもオーバーにふちどる。丸みのあるラインを描いてふっくら見せる。②**A**で輪郭の内側を塗る。③唇中央の上下のふちに手持ちのクリアグロスを塗ってボリュームUP。

HOW TO

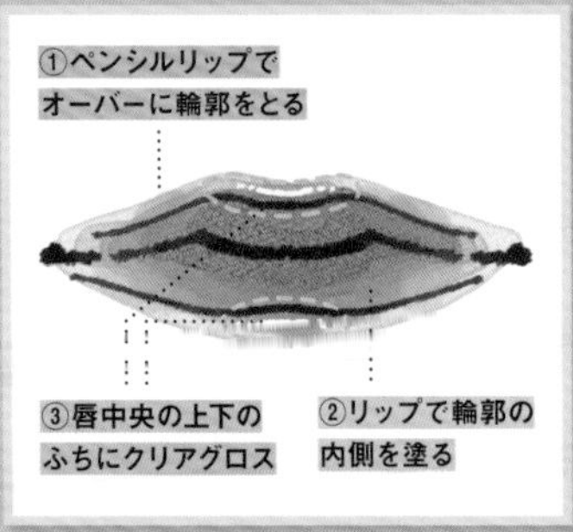

①ペンシルリップでオーバーに輪郭をとる
③唇中央の上下のふちにクリアグロス
②リップで輪郭の内側を塗る

BEFORE

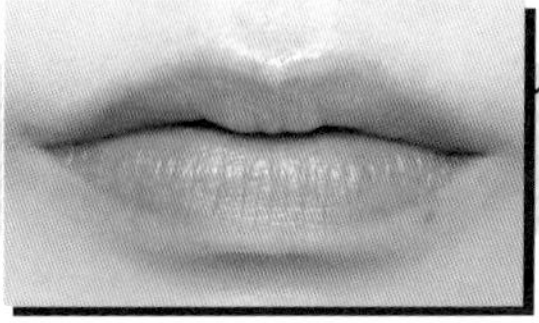

AFTER

オーバーに輪郭を描き
丸みのあるふっくらリップに

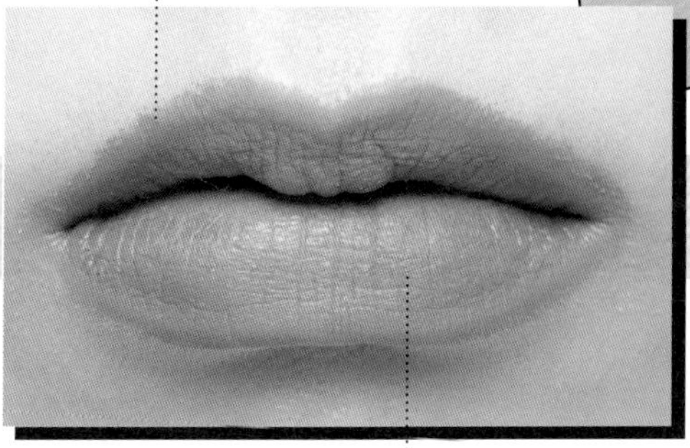

ベージュリップを直塗りして
ヘルシーに色づけ

2 上下の唇を軽く合わせて色をなじませる

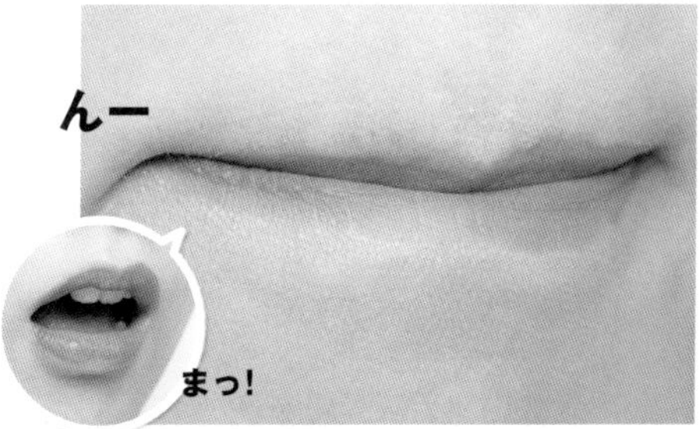

上下の唇を数回こすり合わせてリップの色をなじませる。塗りすぎたリップを軽くティッシュオフして、もたつきを抑えて。

3 ベージュのリップペンシルでオーバーにふちどる

B で唇の輪郭をとる。実際の唇の輪郭よりも少しだけオーバーに描く。丸みのある線を描くことでふっくら見せる。

Q 唇がぶ厚い場合どうしたらいい?

A コンシーラーで唇の輪郭をボカしてからスタート

①唇の周りに手持ちのコンシーラーをのせ、指で叩いて輪郭をボカす。②唇の輪郭よりも内側に **B** で丸みのあるラインを描く。③そのラインの内側に **A** で色を塗ったら完成。

HOW TO

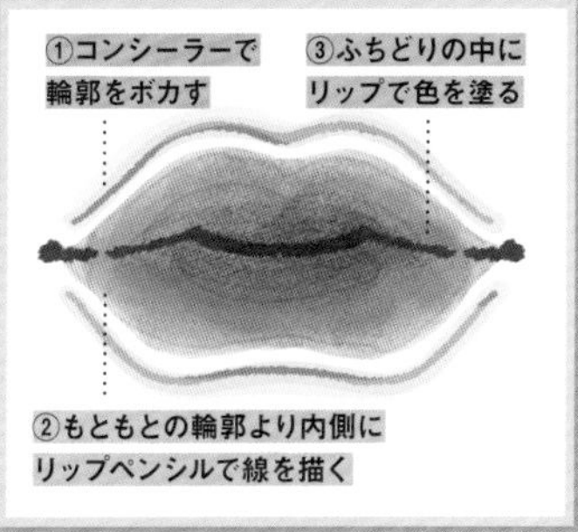

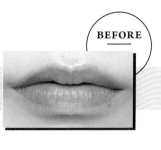

CHAPTER

05

シーンに合わせカラーやラメで遊び心をプラス

韓国女優顔風
休日メイク

オフィスにしていけるデイリーメイクをマスターしたら、
次は休日を楽しむための韓国女優メイクに挑戦。
シーンに合わせてコロコロイメージを変えるのも韓国女優メイクの特徴。
デートのときや友人と会うときにピッタリの、
ちょっぴり華やかなメイクをお届けします。

Holiday Make-Up

01

scene : オシャレに敏感な人と会う日

ハッピーオーラとこなれ感が増す

オレンジをまとって トレンド女優顔メイク

オシャレな自分をアピールしたい日は、韓国でトレンドのオレンジを
まとうのが正解。オレンジならちょっと濃く入れても
厚化粧感が出ず、ヘルシーな印象を手に入れられます！
オシャレに敏感な友達や、久しぶりに会う友人とお出かけするときにオススメです。

MAKE-UP POINT

Eye

韓国っぽさとシャレ感を
同時に叶えるオレンジEYE

Eyebrow

眉頭を近づけて
ハンサムな印象に

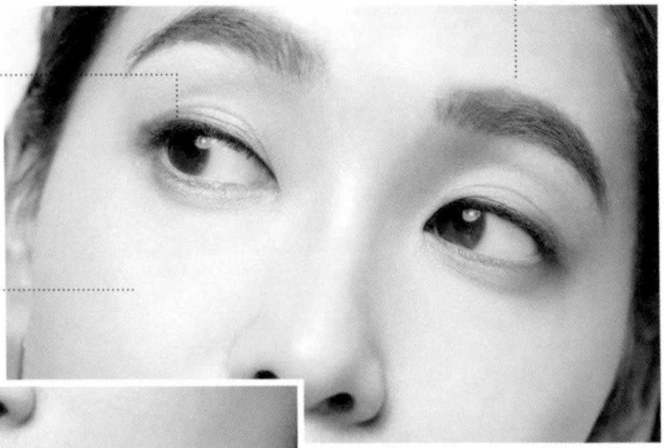

Highlight

チーク代わりの
ハイライトで
カラーレス＆
若々しさを演出！

Lip

オレンジベージュで
ヘルシーな
女らしさを演出

Eyebrow

眉頭を近づけて ハンサムな女優顔に

p.32-37の “3法則”を終えてから メイクスタート

1

パウダーで眉頭を 内側に近づけた 平行眉を描く

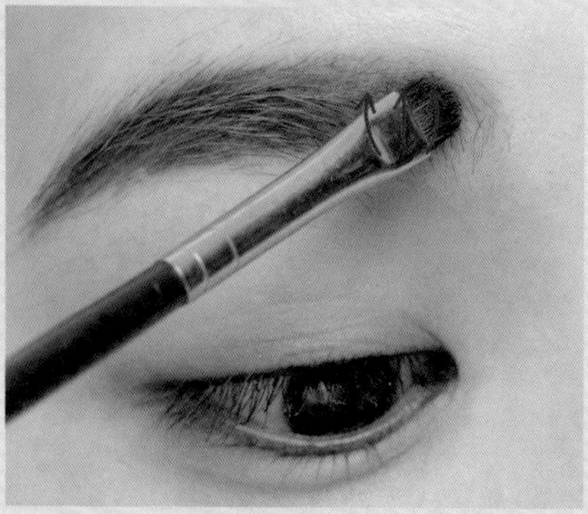

A-1を筆にとって眉頭にON。目頭の延長線上よりも少し内側に眉頭がくるように。眉頭を近づけることでクールな目元に。眉頭以外はA-2で色づける。眉の上と下のラインが平行になるようにする。

肌質はp.39のクァンク肌がオススメ！

よりトレンド感が高まる！

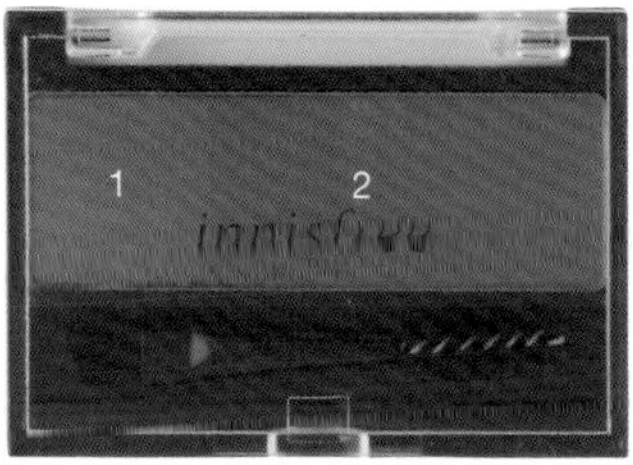

2色ブラウンで自然なグラデ眉が完成

Use it

A

ツートーンアイブロウキット 01 990円／イニスフリー　見たままのカラーに発色するアイブロウパウダー。

Eyeshadow

目尻だけポイントオレンジで
シャレ感とヌケ感のあるトレンド顔に

2

目尻だけオレンジのシャドウラインでこなれ見え

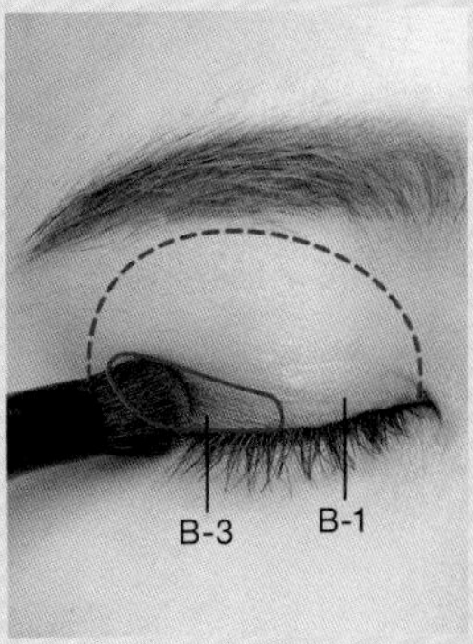

B-1を筆にとってアイホール全体にON。B-3のオレンジのシャドウを黒目の上から目尻に向かってのせる。

3

下まぶたの目尻にもオレンジをのせくの字に

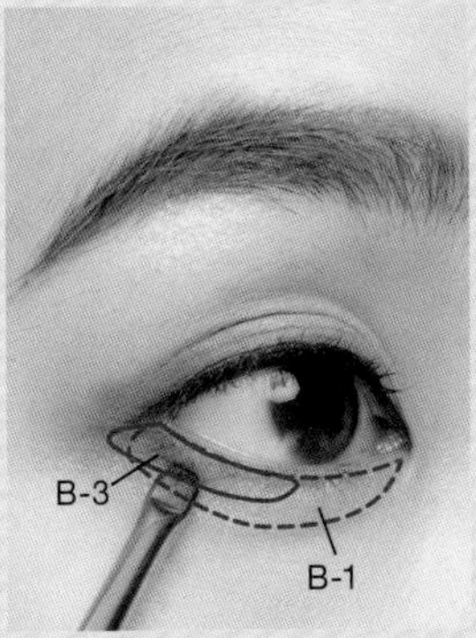

下まぶた全体にB-1をのせる。目尻から黒目の中央までB-3を細くのせる。オレンジシャドウで目尻をサンドするイメージ。

4

下まぶたの中央にラメシャドウをのせて涙袋を強調

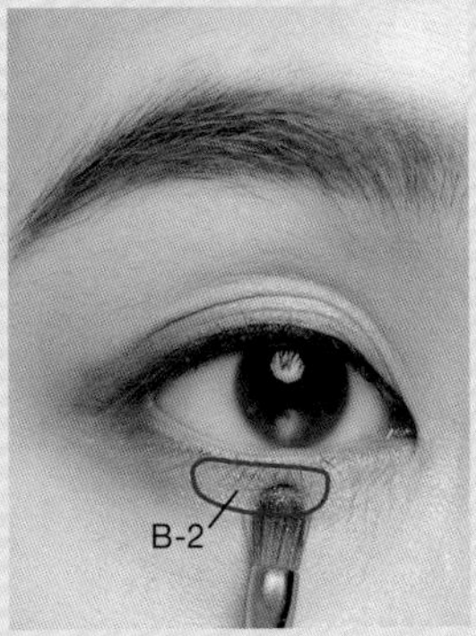

黒目の下にB-2をのせてラメシャドウで涙袋をふっくらさせる。休日はラメで遊び心を♪

オレンジ×ラメのセットで最旬韓国風ＥＹＥに！

B

THE アイパレ 05 予感のアプリコット 1,980円／かならぼ
質感違いの4色を楽しめるアイシャドウ。

Eyeline

目頭にしのばせた こっそりラインで “薄いのに印象的”見え！

5

細〜いアイラインで 目のフレームを さりげなく際立たせる

Cで細いラインを描く。オレンジシャドウを主役にするためにアイラインはできるだけ細く描いて。目尻からもはみ出さない。

6

目頭の内側にも ラインを描いて 奥行きのある目元に

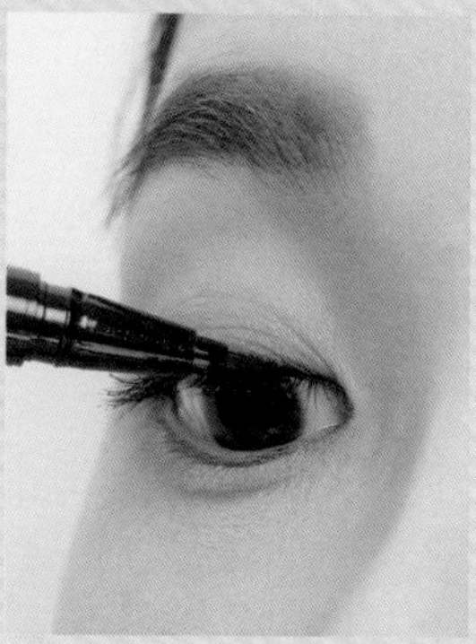

アイラインが細いと、目がぼやけて見えるので、目頭もしっかり描く。ぬかりのないくっきりEYEに。

Eyelash

上からマスカラを塗り まつ毛を寝かせて さっぱりEYE仕上げ

7

マスカラで あえてまつ毛を寝かせ シャドウを強調する目元に

Dを上下のまつ毛に塗る。最後に上まつ毛の上からブラシを当て毛を少し寝かせる。目尻のオレンジシャドウを強調して。

ひと筆でスッと繊細な
漆黒ラインが仕上がる！

C

クリオ スーパープルーフ ペン ライナー キルブラック 01 ブラック／ヘア＆メイク私物　韓国でも人気のリキッドアイライナー。

超スリムなブラシで
ダマ知らずの美まつ毛に

D

3CE SUPER SLIM WATERPROOF MASCARA #BLACK 1,820円／STYLE NANDA原宿店　軽いつけ心地の黒色マスカラ。

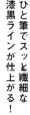

Lip

オレンジベージュを使って くっきり塗りでも 主張控えめな口元に

8

オレンジベージュのリップを二度塗りしてこなれ見え

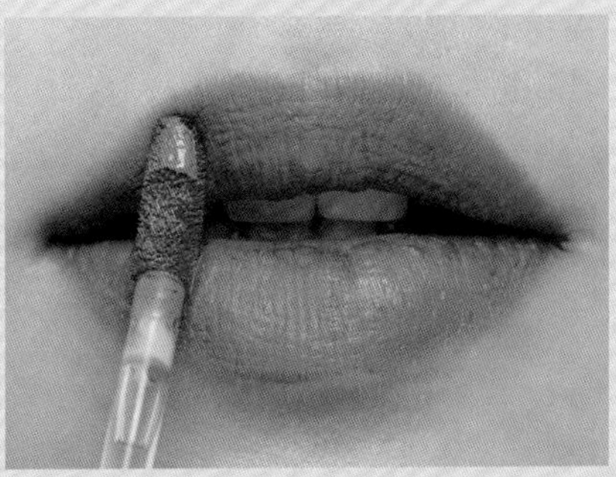

セミマットなＥでオーバーにふちどってから二度塗りする。肌なじみのいいベージュ系オレンジなら、しっかり色づけても浮いて見えないので安心。

Highlight

こめかみハイライトで ふっくらさせ 丸みを出して若々しく！

9

ハイライトでこめかみにツヤを足して立体的に

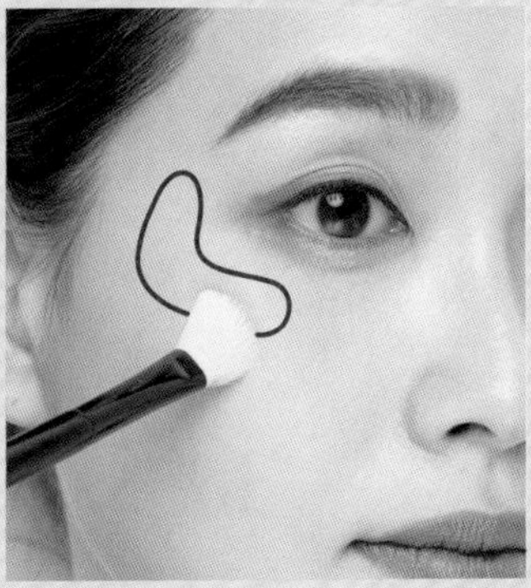

Ｆを目尻の横のCゾーンにのせてこめかみをふっくらさせる。目元にオレンジシャドウを使っているのでハイライトをチークの代わりにし色の引き算を。

ムースのような軽い質感でボカしやすい

E

ビビッドコットン インクティント ブラー #1 1,188円／イニスフリー　ソフトマットに仕上がるオレンジベージュのティントリップ。

ギラギラではない自然なツヤを演出できる！

F

ロムアンド シースルーヴェールライター02 ムーンキスドベール 1,430円／PLAZA
繊細ラメでツヤ肌に仕上がるクリームハイライター。

Holiday Make-Up
02

scene: デートで好印象を与えたい日

さりげない甘さで愛され度が高まる♡

キラめきピンクで大人可愛い 最強ライバル顔メイク

「パートナーに可愛いと思ってもらいたい」——そんな特別な日は、
韓流ドラマに出てくる主人公のライバルのような、大人っぽいのに
どこかあざと可愛いメイクがオススメ。ピンクやラメを使って
たまには可愛らしさをアピールして甘えてみては？

MAKE-UP POINT

Eye

ピンクシャドウとラメの涙袋で あざと可愛いまなざしに

Eyebrow

ほんのりピンクの下がり眉で フェミニンな目元を強調

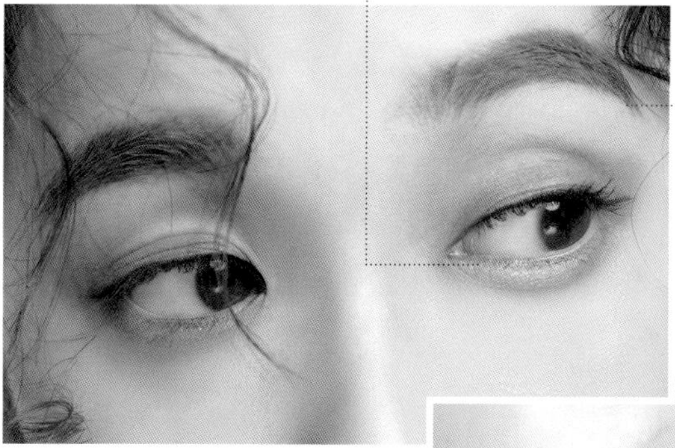

Highlight

くすみピンクチークで 肌の白を引き出して

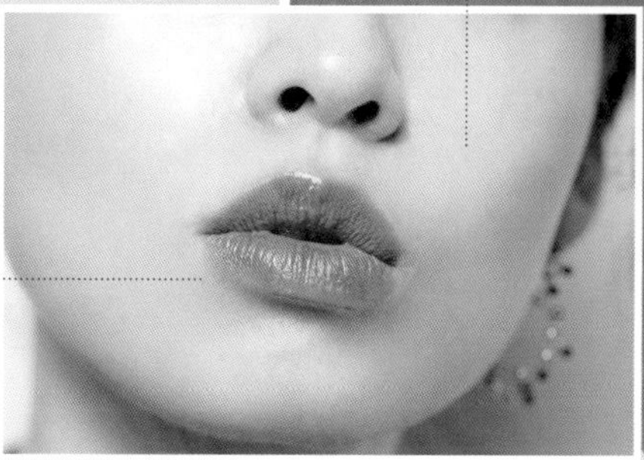

Lip

ポイントグロスで キスしたくなる ぷっくり唇に

Eyebrow

女優の品と愛らしさが同時に叶う 下がりピンク眉

p.32-37の“3法則”を終えてからメイクスタート

肌質はp.38の ムルグァン肌が オススメ！

よりフレッシュに見える！

1

太めの平行眉＆ 下がり眉尻で あどけない表情に

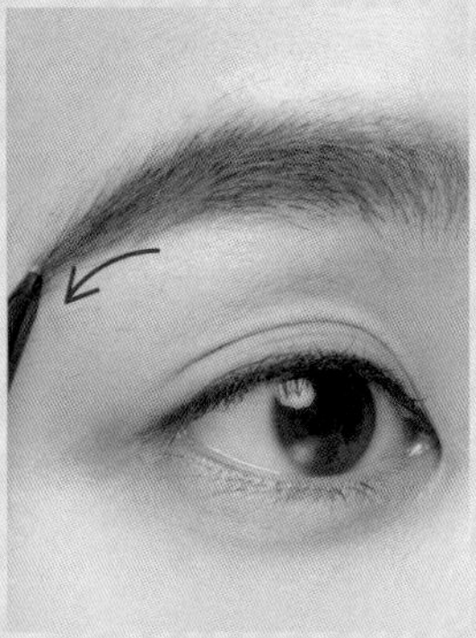

Aで眉全体を均一に色づけ、さらに眉の下のラインを描き足して太さを出す。眉尻は眉頭の位置より下げてタレ眉ぎみに。

2

ピンクブラウンの マスカラで眉を染め さりげない甘さをIN

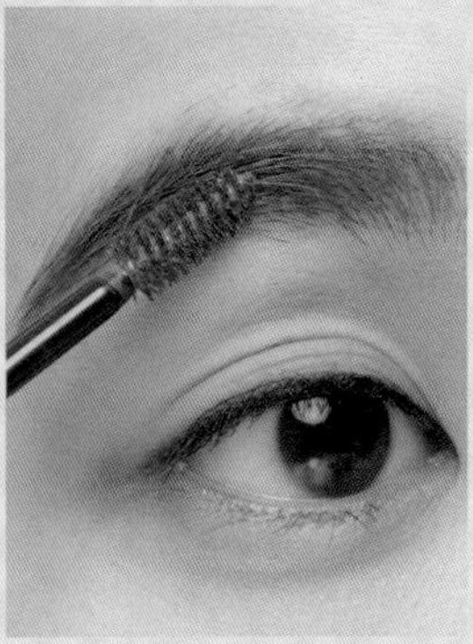

Bで毛流れを整え眉全体をピンクブラウンに。眉にも赤みをプラスすることで可愛らしい若手韓国女優のムードに。

Use it

極細芯で一本一本自然な毛流れを実現！

A

スージー スリムエキスパートSP 01 1,320円／KISSME P.N.Y.（伊勢半） 自然な発色でなじむアイブロウペンシル。

眉頭を消す！

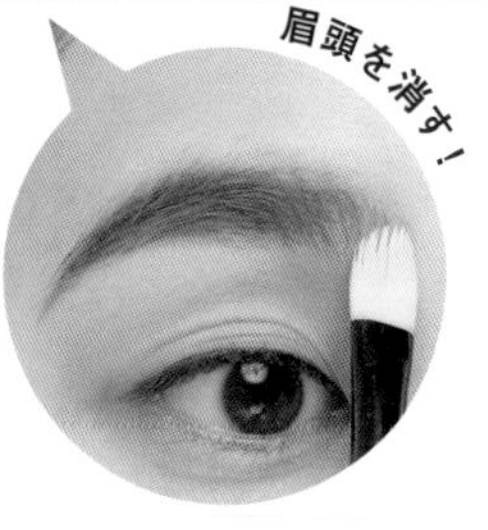

眉頭は描かずにコンシーラーをのせて毛を薄く見せる。眉頭がはなれているとあどけない表情に。もともと眉が薄い人はそのままでOK。

Eyeshadow

下まぶたのピンクラメシャドウが ほてりチークのような上気した色気を演出

3
目頭と目尻に ベージュシャドウをのせ 目を台形に拡大

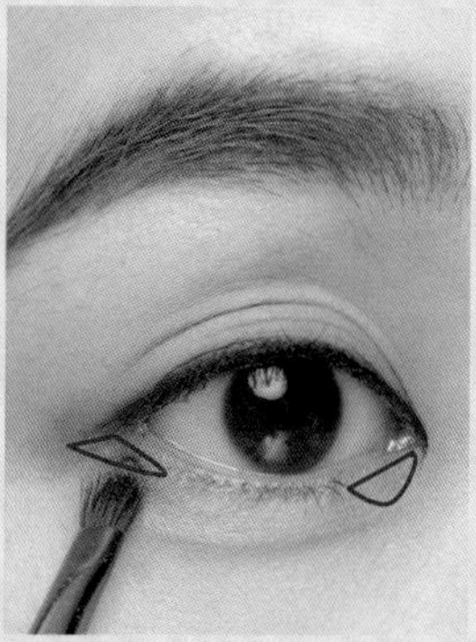

下まぶたからつくっていく。C-1+2を目尻と目頭に三角形にのせる。白目と粘膜を広げて目を大きくするイメージ。

4
黒目を際立たせる ピンクラメシャドウを ポイントでON

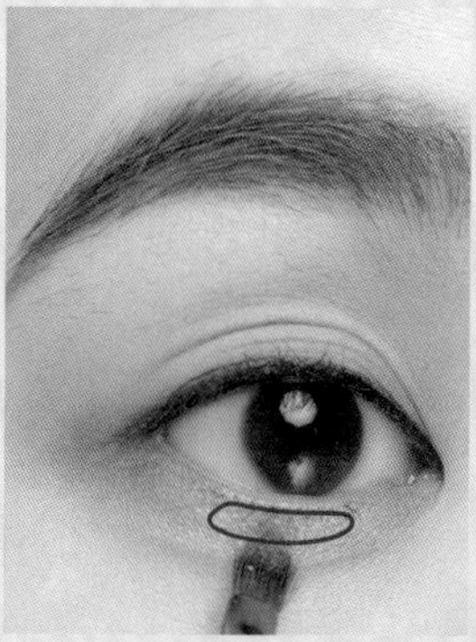

下まぶたの中央にC-3のラメシャドウをのせる。黒目より少し広い幅になるように左右に広げる。ピンクラメで甘い目元に。

5
ブラウンシャドウの はみ出し塗りで 目幅を拡大

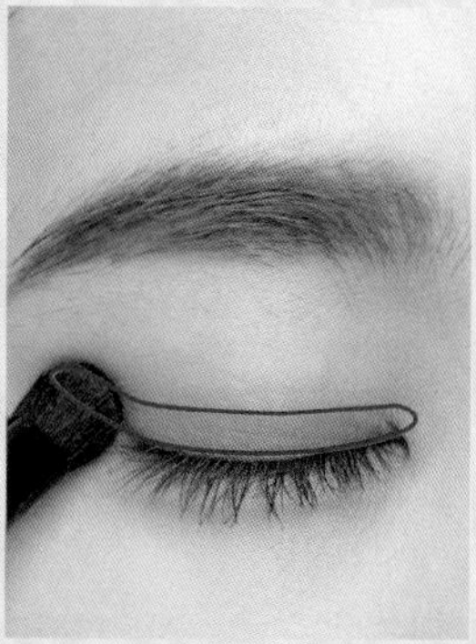

上まぶたの二重幅にC-4をのせる。目尻と目頭から3㎜程度はみ出して塗ることで目幅を大きく見せる。

肌なじみのいい浮かないオレンジベースがセットに

C

セレフィット ザ・ベラコレクションアイシャドウパレット エピソード #01 4,500円／DHOLIC COSME 捨て色なしの韓国発シャドウパレット。

フェミニンなロージーカラーで眉から色っぽく

B

ムースブロウマスカラ 08 ソフトピンク 2,420円／ジルスチュアート ビューティ 大人なくすみピンクのアイブロウマスカラ。

Eyeline

横長ラインで切れ長EYEに

Glitter

ラメはラフ置きで脱・若づくり！

Eyelash

ブラウンマスカラで優しいまなざしに

6

ブラウンの横長ラインで優しいまなざしに

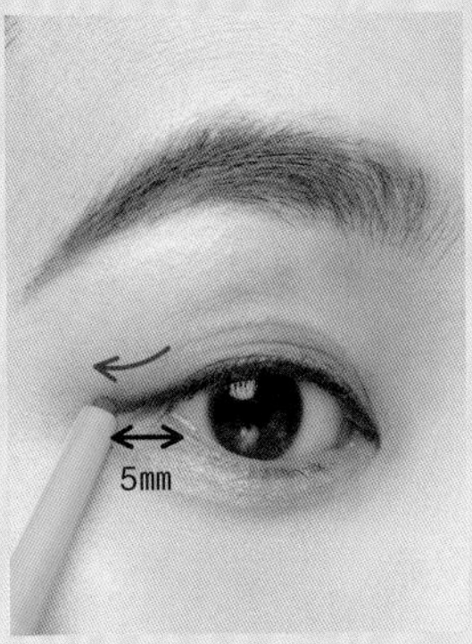

Dで上まぶたのまつ毛の間を埋めながら細いラインを。目尻から5㎜程度横に長く描く。

7

ラメは点でラフにのせるのが大人風韓国EYEのコツ

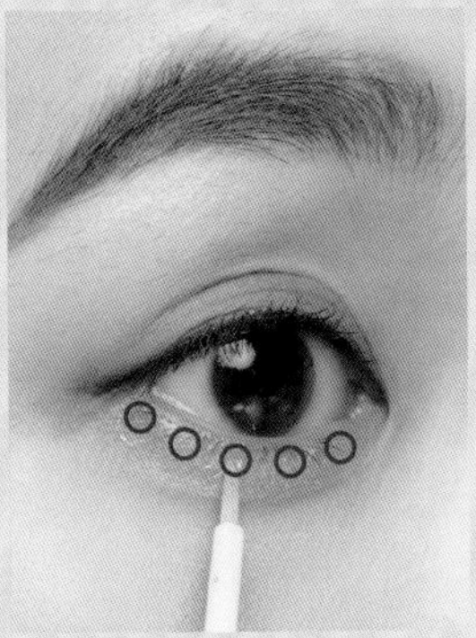

Eを下まぶたのキワにトントンと点でのせる。ラメは線でのせると子どもっぽくなるのでラフにのせるのが大人流。

8

ブラウンまつ毛なら黒マスカラよりも優しい目元に

Fを根元にしっかりつけて、毛先まですべらせる。根元にボリュームを持たせても、ブラウンなら重くなりすぎない。

なめらかなペン先で細いラインもスルスル〜

D

デジャヴュ ラスティンファインE クリームペンシル ダークブラウン 1,320円／イミュ　深みのあるブラウンのジェルライナー。

ローズピンク×ブルーのグリッターで甘い目元に

E

VAVI MELLO トゥインクルグリッター ロマンティックラメ　1,100円／DHOLIC COSME　3色のラメ入りリキッドシャドウ。

ゼリーテクスチャーで一本一本キレイにセパレート

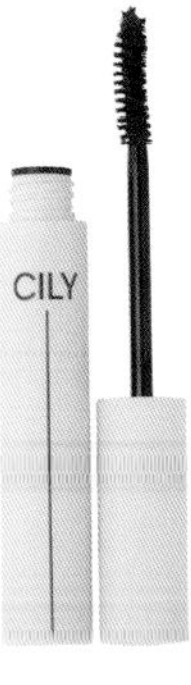

F

エバーラスティングマスカラ ジェリーブラウン 2,090円／CILY　韓国発ブランドの注目マスカラでブラウンまつ毛に。

Lip

クリアグロスのポイント塗りで ぷっくりとがったアヒル唇に

9

リップオイルを ポイント塗りして ふっくら見せ

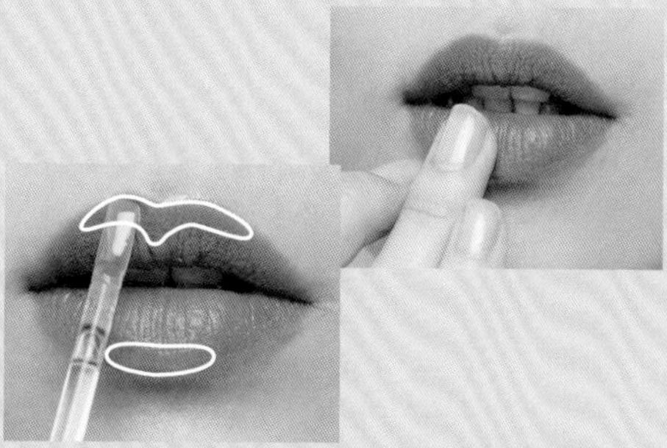

Gを直塗りする。ラフに塗って指でポンポン叩いて全体になじませる。輪郭をあえてキレイに整えず、ヌケ感のある唇に。上唇の山の部分と下唇のキワの中央にだけHのオイルリップを重ねてふっくら見せ。

Cheek

くすみピンクチークで 透明感を底上げ

10

頬全体を 淡いピンクで染めて クリアな白肌に

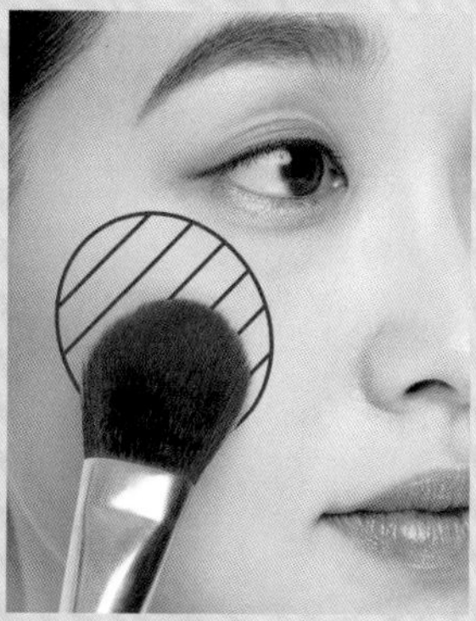

Iを頬の高い位置から大きく円を描くように丸くのせる。広くのせると甘くなりすぎず、肌の白さを引き出せる！

大人可愛いが叶うダスティピンク

G

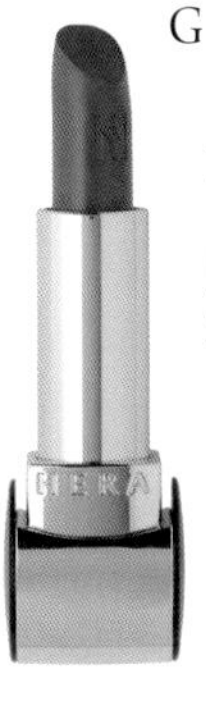

ほんの〜り色づく柔らかレッドでジューシーに

H

GHERA ルージュホリック 123 3,490円／AMORE PACIFIC 公式ショップ Qoo10店　長時間ツヤが実現するツヤリップ。　Hフルーティーリップオイル POザクロ 1,435円／エチュード　ベタつかず軽やかに仕上がるオイルリップ。

くすみピンクで透明感のある韓国美肌に

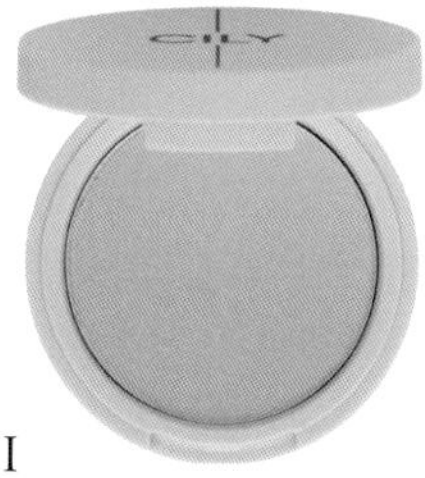

I

ブロッサムブラッシュ カランコエ 1,760円／CILY　なめらかな質感でふんわり色づくパール入りチーク。

CHAPTER

06

〝元から美人〞は日々の習慣がつくる！

韓国女優級のスッキリ小顔 &パッチリEYEに！ 骨格矯正マッサージ

メイク以前に、韓国女優のような元からスッキリとした目元や小顔を手に入れたい！ そう思ったら毎日のルーティンにマッサージをプラスしてみて。モデルや女優の方々のメイク前に施すマッサージ方法をご紹介！ メイク前や寝る前に実践してみてください。

幅狭の頭とパッチリした目にアプローチ

マッサージ。頭をスッキリさせると目元もスッキリするので一石二鳥です！

1
手のつけ根で頭にギューッと圧をかける

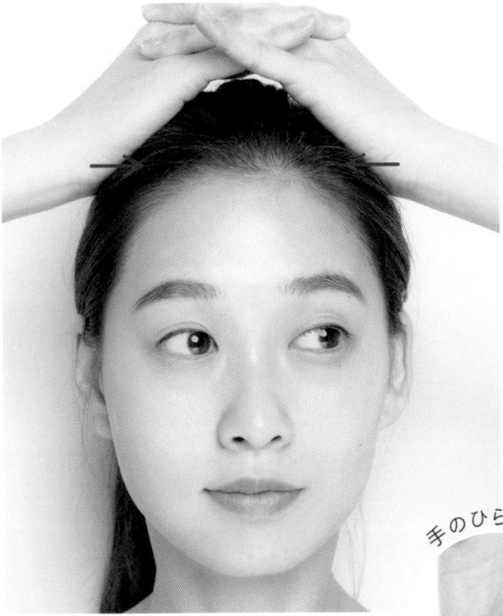

手を軽く組み、つけ根の部分で頭全体をぎゅっと押しマッサージする。頭皮をもみほぐして血行をよくし、顔全体をきゅっと引き上げ。

Recommended Item

マッサージ前に保湿して摩擦による刺激を少なくしてからスタート！

〈右〉VTコスメティックス　シカクリーム 50ml 2,730円／VT COSMETICS OFFICIAL Qoo10店　再生クリームでもっちり保湿。〈左〉ベージック ルーセントオイル 35ml 6,600円／サンク　オイルで内側からツヤ肌に。

Massage 01

眉間にシワのないパッチリした目元が韓国女優の証

こり固まった頭からほぐして

韓国女優のようなハチの張っていない小さな頭になれるよう、コルギ感覚で頭皮を

2
こめかみを押して目元をスッキリさせる

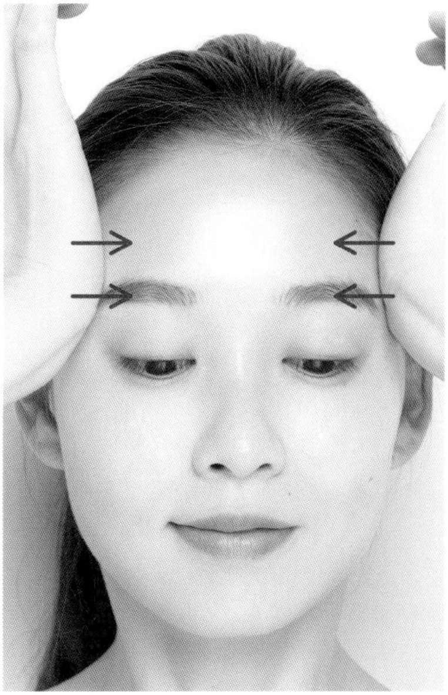

手のつけ根を使って、こめかみを両サイドからギューッと押す。目元のむくみがとれて目がパッチリ開くようになるので習慣づけて。

3
親指の腹を使って眉間のこりをほぐす

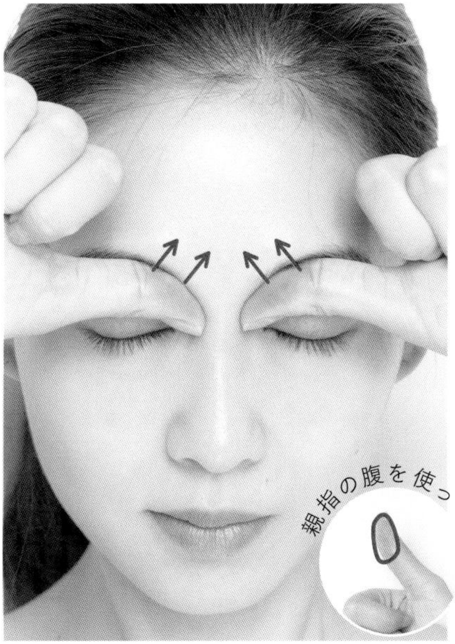

眉頭の下のくぼみを親指の腹で押して目元、特に眉間のこりをほぐす。眉間に力が入っていない韓国女優風のクールな目元に。

とんがりアゴを手に入れる

メイクだけに頼ることなく、キレイな輪郭を手に入れられます！

1
アゴの骨に沿って たるんだお肉を引き上げる

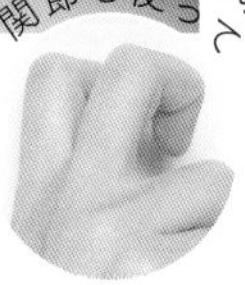

人差し指と中指の関節で、アゴの骨をはさむ。そのまま気持ちいいと感じる強さで耳のつけ根までスライドさせる。

2
実はこっている頬の 筋肉をほぐして、優しい表情に

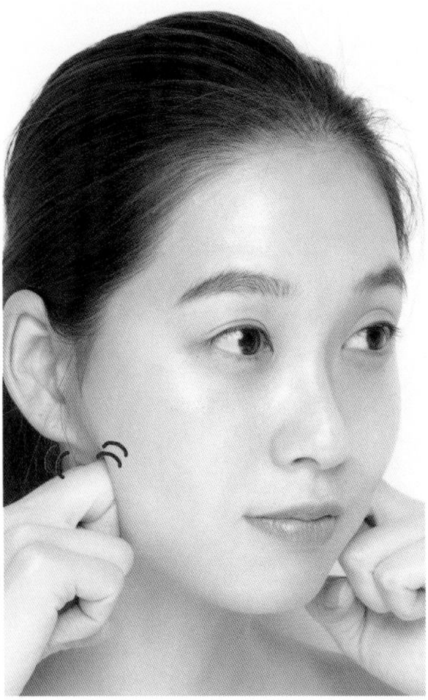

中指の第二関節を使って、頬の筋肉や耳の下のくぼみをグリグリとマッサージしてほぐす。こり固まっている頬をもみほぐすことで、表情が柔らかくなる。

Massage 02

スッキリしたシャープラインが韓国女優顔の必須条件

頬のたるみを引き上げて

韓国女優メイクに欠かせないシュッととがったアゴ。普段からマッサージしておけば、

3
耳から鎖骨までをよくもみ デコルテまで美しく！

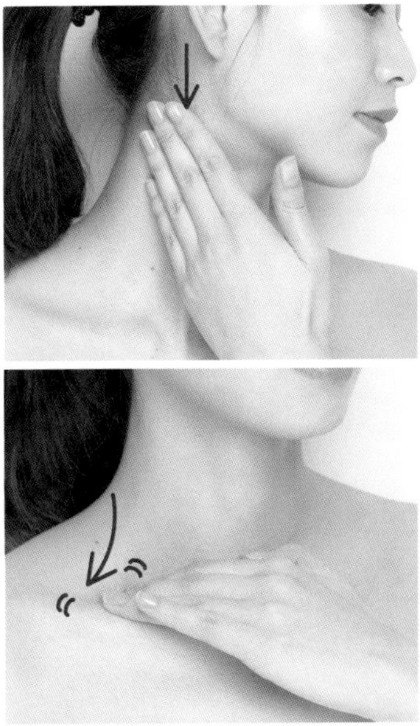

老廃物がたまりやすい、耳の後ろに指を当て、鎖骨に向かってなで下ろす。そのまま鎖骨と腕のつけ根までをマッサージ。"デコルテまでが顔"という意識でしっかりもみほぐして。

4
肩をもみほぐして 華奢なラインをメイク

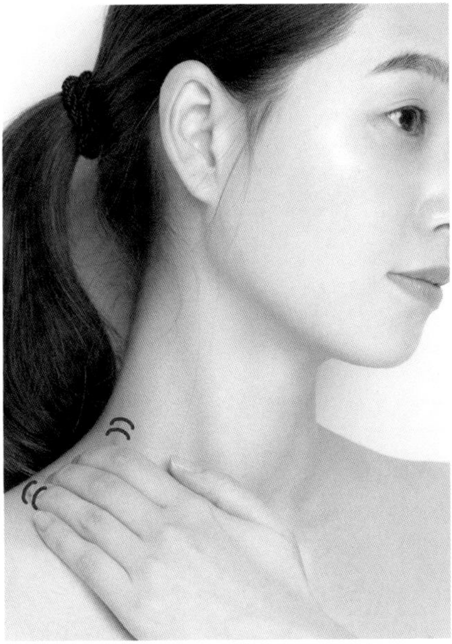

最後に肩をしっかりもむ。韓国女優は顔だけでなく肩のラインまで華奢なので、盛り上がった筋肉をほぐしてスッキリさせるのが大事。これを毎日1分でもいいので続けてみて！

CHAPTER 07

メイクだけでなく髪型も女優風にアプローチ

韓国女優ヘアはカットで骨格補正する

メイクでの骨格矯正に加えて、ヘアでさらに補正することで、より韓国女優顔に近づけます。とはいえガラリと髪型を変えるのではなく、ちょっとしたポイントを押さえるだけで印象が変わります。小顔見えも叶うので、美容院に行く際の参考にしてみてください！

顔まわりのレイヤーと重めの毛先で骨格と髪の美しさを強調！

韓国女優は顔まわりにレイヤーをたっぷり入れています。髪を結ぶときや、耳にかけるとき、顔まわりに短い髪が残るため、簡単に小顔見せが実現します。そして髪を巻いたときにその実力が１００％発揮されます。

顔まわりの髪を巻いて大きなカールをつくることで生まれるくびれが、フェイスラインを引き締め、小顔度をグンと高めてくれるのです。

毛先にボリュームを残したカットにすると、くびれのカーヴィなラインがより目立ちます。日本女性のように髪で肌を隠すのではなく、髪のウェーブラインで小顔補正をするのが韓国女優流。日本では、髪を巻いたら手ぐしでほぐしゆるふわに仕上げますが、韓国女優は巻いた毛束をほぐさずカールを活かす傾向にあります。カーブを残したほうが小顔に見せやすいし、毛束感をある程度残して、ウェーブをそろえたほうが、光が集まってツヤ髪にも見えるからです。

韓国女優が清楚で上品に見えるのには、髪型が大いに関係しています。

同じ長さでもカットの違いで印象はこんなに違う

小顔見せのアプローチ法が違う

カットの違いを比較！

韓国女優

一般的な日本女性

日本では前髪をつくる方が多くいます。可愛らしく見せたいだけでなく、おでこを隠すことで肌面積を減らし、小顔効果を高めたいからではないでしょうか。そして後ろ髪は、上半身をすっきり見せるため毛先をすく方が多いように感じます。

それに比べ、韓国女優は前髪をつくらず、その代わり顔まわりにたっぷりレイヤーを入れている方が多いです（レイヤーとは上下段で髪の長さを変えるカットのこと。段を入れるなんて言い方もしますよね）。**前髪がなくても、顔まわりのレイヤーカットで小顔に見せられることを熟知しているからではないでしょうか。**後ろ髪も毛先まで毛量を残した、重めのカットにしている方が多い傾向にあります。あえて切りっぱなし風にして、毛先に重心を残し、小顔に見えやすいAラインを作り出しているのです。

あえてカットでうぶ毛をつくり 骨格を細く見せる

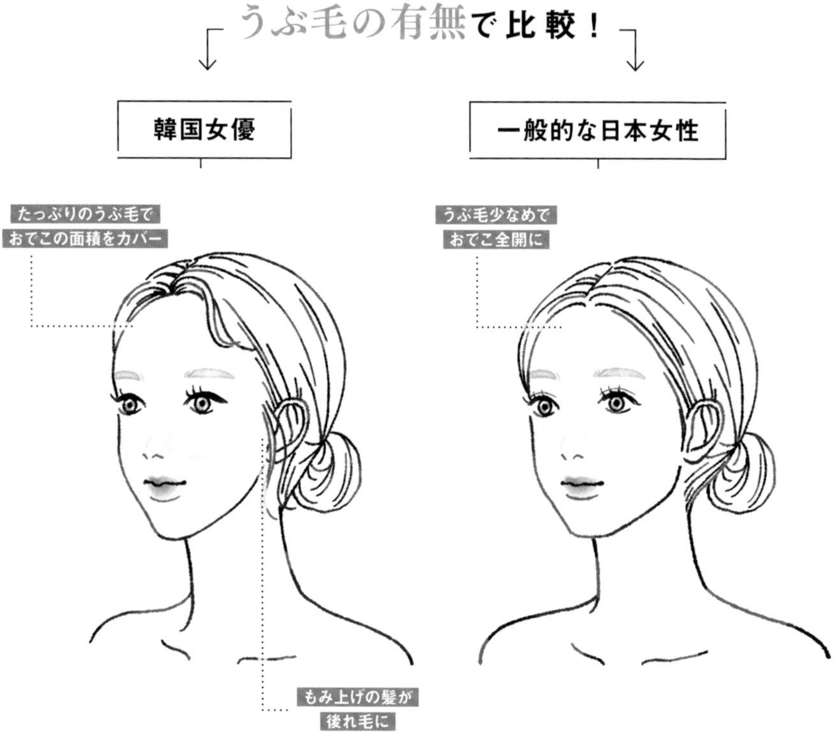

前髪をアップにしたときに違いが出るのがうぶ毛の有無です。日本ではそこまでうぶ毛を重要視していないので、前髪を上げるとおでこ全開になる方が多いと思います。そのため、前髪を下ろしたり、顔まわりの髪を触覚のように垂らして、フェイスラインを隠しがち。

それに対し、韓国ではおでこのうぶ毛をかなり重要視しています。特におでこの左右のキワにあるうぶ毛を重視。とても短く少量しかないので、なくてもそんなに変わらないと思うかもしれませんが、**肌面積が減って見え、小顔度を高めるのです。**もみあげの髪を短くカットして、フェイスラインを自然にキレイに見せる手法も多く見受けられます。

少量の髪で自然に輪郭を補正するのが韓国女優ヘアです。

うぶ毛をつくると、韓国女優のような丸いおでこが簡単に手に入る！

おでこにうぶ毛があると、肌面積が減って小顔に見えるだけでなく、おでこが丸く見えて、骨格の美しさを際立たせることができます。

日本では、削って見せたいところにシェーディングを入れて、小顔に見せますが、**韓国ではうぶ毛をシェーディングととらえ、小顔アイテムの一つとして認識している方が多いです。**最近では、わざわざうぶ毛にパーマをかける人がいるほど！　そして、**小顔効果だけでなく、幼い子どものように見せるため、可愛らしさを引き出す効果もあります。**キレイでクールなビジュアルを求める韓国女性が、ちょっとだけあどけなさと甘さを加えるポイントでもあります。こういったバランスが、韓国女性が魅力的に見える要因なのかもしれません。

たかがうぶ毛？　いえいえされどうぶ毛です。

最近では、日本でもうぶ毛カットを提案してくれる美容院があるので、美容師さんに相談してみてはいかがでしょうか。

CHAPTER

08

いつものヘアが簡単にこなれて見える！

韓国女優風
小顔ヘアアレンジ

韓国女優たちの“つくり込んでいないのにオシャレ”に見える髪型。
しかもただオシャレなだけでなく、小顔に見せる工夫も隠されているのです。
小顔見せテクニックを解説しながら、
オフィスでも浮かない簡単ヘアアレンジをお届けします。

〝このヘアセットさえ覚えれば
もっと韓国女優風に〞

小顔見せヘアアレンジの3法則で韓国女優ムードが高まる！

韓国女優風ヘアアレンジに欠かせないポイントを、3つの法則にして解説します。
たった3つのポイントを押さえるだけで韓国ムードが高められ、
これさえ覚えておけば、いろいろな髪型を韓国風にアレンジできます。
しかも韓国女優風ヘアは、すべて小顔効果が高いのです。
メイクと合わせて韓国女優LOOKの精度を高めましょう！

法則 01

トップにボリュームを持たせ、小顔見えな卵形シルエットを意識

Point
前髪を立ち上げて
顔の面積を
小さく見せる

フェイスラインを隠すのではなく、**美しい輪郭をつくり出すことで小顔効果を高めるのが韓国女優ヘア**。マスターするにはひし形を意識する必要があります。おでこの中心を頂点にしたひし形を意識することで、顔の輪郭を卵形に見せられ、小顔効果が高まるのです。**前髪の根元を巻いてタテにボリュームを出し、前髪をセンター分けにして両サイドに巻いて流すのが正解**。前髪を立ち上げることで、かき上げるしぐさや、さっと手ぐしで整えるしぐさが生まれ、色気を引き出してもくれるのです。おでこを出すと清潔感がぐっと増すため、オフィスでも好まれること間違いなし。おでこ全開は顔が大きく見えると敬遠している方こそ、ぜひ挑戦してみてください！

- 法則 -
02

サイドと毛先にボリュームのある くびれヘアでメリハリをつける

こめかみ下から広がり、アゴできゅっとくびれる髪のライン。このS字ラインをつくると顔まわりが華奢に見え、小顔効果が高まります。顔まわりのメリハリある髪ラインは、顔の丸みを抑え輪郭をシャープに見せてくれるのです。しかも外巻きの毛先が目線を上に向かせて、チークラインがキュッと上がったような若々しい表情をも引き出してくれます。これを叶えるには巻いた髪の毛束をほぐしすぎないことが大切です。ウェーブをある程度残したほうが、輪郭はキレイに見えるからです。**顔を髪で隠して小顔に見せるのではなく、ボリュームを出す位置と、抑える位置をコントロールして、フェイスラインを引き締めるのが韓国女優流**。この髪型にするには、レイヤーが不可欠なので、カットから見直してみてください。

Point
くびれをつくることで
華奢なフェイスラインを演出

- 法則 -
03

うぶ毛でさりげなくおでこをカバー！
ほどよい幼さでキュート感もアップ

Point

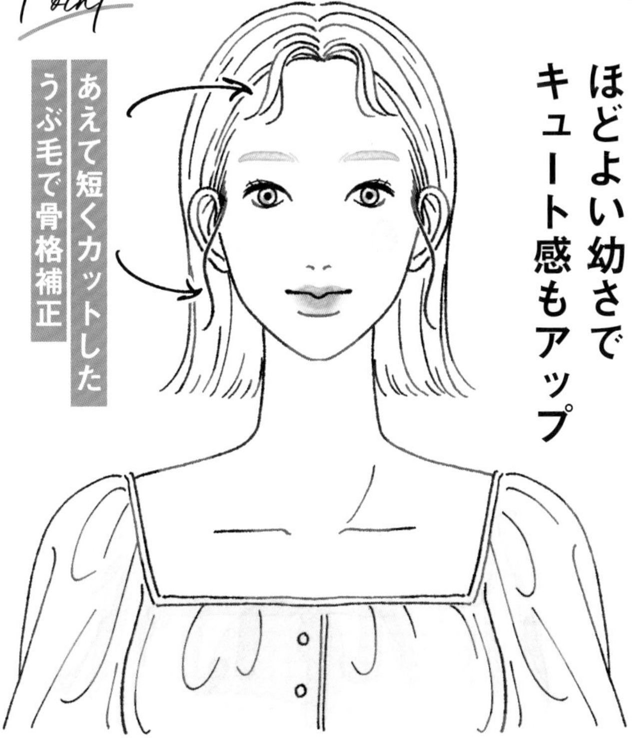

韓国女優風へアアレンジはうぶ毛のあることが大前提。うぶ毛がない方は、カットで人工的にうぶ毛をつくり出すことから始めてください。うぶ毛があれば、いつものポニーテールやおだんごも小顔ヘアに。**シェーディングを入れずに肌面積を減らすことができるので、自然に小顔見えが叶うのです**。韓国の極細カーラーでうぶ毛を巻いたり、スタイリング剤でウエットな質感にしたりすることで、こなれ見えも実現。もみ上げの髪をあえて短くカットして後れ毛風にすることも。うぶ毛と短いもみ上げの後れ毛が、あどけない可愛らしさを引き出してくれます。大人っぽい韓国女優メイクに少しだけ可愛さをプラスしてくれるスパイス的要素もあるのです。

・KOREAN STYLE・

01

ルーズなトンモリ

”つくり込みすぎないラフ感で
韓国女優のような余裕を演出“

定番のトンモリ＝おだんごヘアも、つくり込みすぎないルーズなシルエットで、

顔まわりの髪は外向きのCカールにするのが韓国女優風。

ちょっと毛流れを変えるだけで、ガラリと印象が変わるのです。

前髪を立ち上げることで、小顔見えも叶えてくれます！

POINT

太カーラーで前髪を立ち上げれば手抜きおだんごが韓国女優風に

1

太めのアイロンとカーラーで顔まわりの髪に動きを出す

前髪の根元を立ち上げるため、32㎜以上の太カーラーで前髪を巻いておく。その間に髪全体をランダムに巻いて動きをつける。顔まわりの髪を外巻きにして流すのが韓国女優風。

2

顔まわりの髪を残して輪っか状のおだんごに

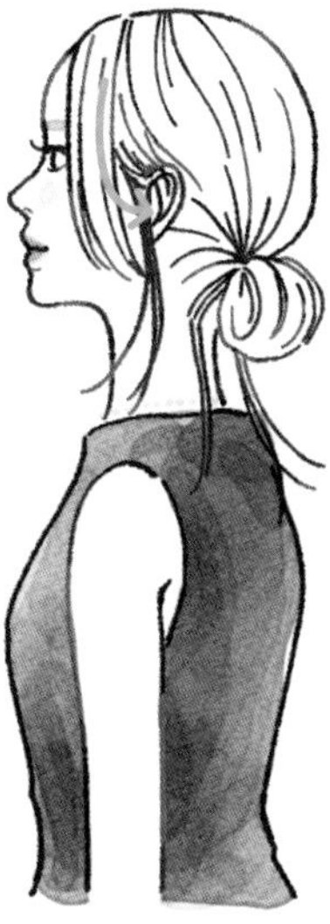

髪を一つにまとめ、輪っか状のおだんごに。毛先を結び目に巻きつけてピンで固定する。最後にカーラーをはずす。後ろ方向にはずすと前髪がふんわりする。

KOREAN STYLE

02

大きなウェーブのムルギョル巻き

小顔効果も女優の色気も手に入る
リッチなウェービーヘアに挑戦

ムルギョル＝波。ムルギョル巻きとは日本でいうウェーブ巻きのことです。束感のある大きなウェーブをつくるのが韓国女優風。顔まわりにくびれを持ってくることで、小顔見えが叶います。いつもの巻き髪をちょっとだけ変えて、イメチェンしてみてはいかが？

POINT

品と色気を与えてくれるキレイにそろったAラインウェーブに

1

前髪に大きなカーラーを巻いてボリュームアップ

前髪をセンターで分け、それぞれ毛先から巻く。カーラーの側面が正面を向くようタテに巻くとトップにボリュームが出やすい。32㎜以上ある太めのカーラーがオススメ。

2

アイロンを毛束に押し当てて大きなウェーブをつくる

毛束を少量とって耳の高さくらいの位置で32㎜のアイロンではさむ。アイロンの丸みを髪に押し当てウェーブをつくる。つくったウェーブの下をはさんで、アイロンを逆方向に押し当て髪を波状に。これを全体に繰り返す。

3

顔まわりの髪を巻いてオイルでツヤをプラスしたら完成

顔まわりの髪を外巻きにする。最後にカーラーをとる。このときカーラーを後ろ方向に向かってはずすとよりボリュームが出る。最後にオイルやスプレーでツヤを加えリッチ感を。

・KOREAN STYLE・

03

たっぷりチャンモリ ポニーテール

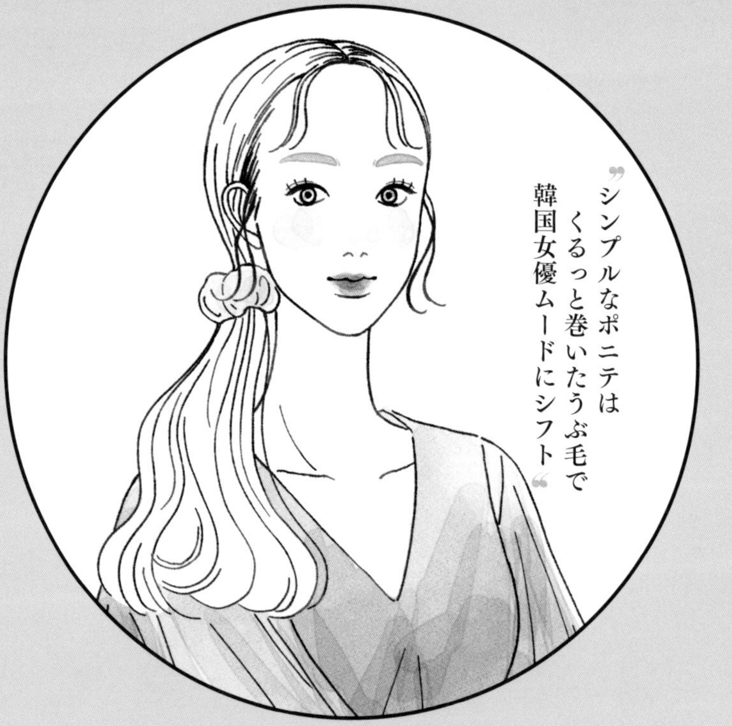
シンプルなポニテは
くるっと巻いたうぶ毛で
韓国女優ムードにシフト

ただ結ぶだけだと地味に見えがちなポニーテールも、
くるっと巻いたうぶ毛をアクセントにすれば、とたんにこなれ見え！
ちょっとうぶ毛を出すだけの簡単アレンジなので、不器用な方にもオススメ。
ロングでもボブでもできる時短ヘア、ぜひお試しあれ♡

POINT

くるっと巻いたうぶ毛でいつものポニテが韓国風にチェンジ

1

おでこともみ上げからうぶ毛を少しだけ引き出す

手ぐしでざっくりと髪をまとめる。ゴムで髪を結ぶ前に、おでこまわりのうぶ毛ともみ上げから髪を引き出す。ちょっとずつつまんで引き出して。引き出してから後ろの髪を結ぶ。

2

うぶ毛としてつくった髪をくるっと巻いて動きをつける

うぶ毛としてつくった髪と、もみ上げの髪を太さ19㎜のアイロンでランダムに内・外巻きにして動きをつける。マットなワックスを少量指にとってなじませ、巻いた髪につけ、しっとりさせたら完成。

O G U E

おわりに

まずはこの本を手にとってくださりありがとうございました！

僕のメイク術が少しでも参考になれば、

そして皆さんに少しでも「美しくなれた」と感じてもらえたなら嬉しいです。

大人になると、見せかけの“映え”な可愛さや美しさではなく、

本質的な美しさを求めるようになる方がとても多いように感じます。

アクセサリーで飾る美しさではなく、

その人本来が持つ美しさを求めるように。

だからこそ自分自身を磨くこと、

そして新しい変化をとり入れることが大切なのです。

“ほんの少し”の変化で

自分を大きく変えることができます。

いつものやり慣れたメイクを脱ぎ捨てましょう。

この骨格に着目したメイクアップは、

本来の魅力を必ず高めてくれます。

もっと素敵に輝けます！

E P I L

そして、いつもと見る角度を変えることで

自分が持つ本当の魅力に気づけるはずです。

きっとたくさんの方があなたのことを好きになってしまいますよ。

大袈裟ではなく、それくらい“ほんの少し”の変化が見た目を大きく左右するのです。

だからこそ何度もこの本を読んで、

何度も「大人の韓国女優メイク」を

試してみてくださいね。

最後に、ここまで読んでくださり本当にありがとうございました。

韓国ドラマのヒロインのように、

自分に自信を持って堂々としている女性が

街に一人でも増えることを願っています！

それではまたどこかで……アンニョン。

Yuki Ishikawa

안녕

CREDIT

／

□ COVER, p.6-7, 46-47

白レースブラウス 97,900円／LANVIN COLLECTION（ランバン コレクション） ピアス 3,300円、リング3個セット 3,740円／ともにPhoebe

□ p.8-9

黒キャミソール 3,190円／RANDA ピアス 3,740円／mimi33（サンポークリエイト） リング2個セット 11,500円／my apparel

□ p.10, 56-57

スカート 14,300円／ノーリーズソフィー（ノーリーズソフィー大丸東京店） ピアス 26,400円／JUPITER（ルイールコーポレーション） ネックレス 2,090円／アネモネ（サンポークリエイト） ニットトップス／スタイリスト私物

□ p.10, 66-67

グレーニットトップス 36,300円／LANVIN COLLECTION（ランバン コレクション） ピアス 4,290円／mimi33、リング 1,100円／アネモネ（ともにサンポークリエイト）

□ p.11, 104-105

ブラウンシャツ 9,900円／ノーリーズ（ノーリーズソフィー大丸東京店） ピアス 1,870円／アネモネ（サンポークリエイト） ネックレス 14,000円／my apparel リング 27,500円／JUPITER（ルイールコーポレーション）

□ p.11, 110-111

黒ニットセットアップ 6,400円／tocco closet ピアス 13,200円、バングル 20,900円／ともにNATURALI JEWELRY（NATURALI JEWELRY 新宿髙島屋店）

※表記のないものはスタイリスト私物です。

SHOP LIST

I-ne	0120-333-476
アビブ	http://www.rakuten.ne.jp/gold/abibofficial/
AMORE PACIFIC 公式ショップ Qoo10店	http://www.qoo10.jp/shop/amorepacific
イヴ・サンローラン・ボーテ	0120-526-333
伊勢半	03-3262-3123
井田ラボラトリーズ	0120-44-1184
イニスフリー お客様相談室	0800-800-8969
イミュ	0120-371367
WISHTREND 公式 Qoo10店	http://www.qoo10.jp/shop/wishtrend_JP
エチュード	0120-964-968
オングリディエンツ	http://jp.ongredients.com/
かならぼ	0120-91-3836
カネボウ化粧品	0120-518-520
クオレ	0120-769-009
コスメデコルテ	0120-763-325
サンク	03-6821-1519
サンポークリエイト	082-248-6226
シーズマーケット	info@seedsmarket.net
CILY	http://cily.jp/
ジルスチュアート　ビューティ	0120-878-652
STYLENANDA 原宿店	03-6721-1612
ディー・アップ	03-3479-8031
DHOLIC COSME	0120-989-002
ティルティルジャパン	03-5937-0347
常盤薬品工業 お客様相談室（サナ）	0120-081-937
tocco closet	www.tocco-closet.co.jp
NARS JAPAN	0120-356-686
NATURALI JEWELRY 新宿高島屋店	03-3351-5107
ノーリーズソフィー大丸東京店	03-6895-2122
パナソニック	0120-878-697
パルファム ジバンシイ（LVMHフレグランスブランズ）	03-3264-3941
ビープレーン	http://item.rakuten.co.jp/beplain/c/0000000108/
hinceカスタマーセンター	https://hince.jp/
Phoebe	03-5362-7230
VTCOSMETICS OFFICIAL Qoo10店	www.qoo10.jp/shop/vtcosmetics
PLAZA カスタマーサービス室	0120-941-123
ボビイ ブラウン	0570-003-770
my apparel	http://thinkfuture.shop/
M·A·C（メイクアップ アート コスメティックス）お客様相談室	0570-003-770
ミシャジャパン	0120-348-154
メイベリン ニューヨーク お客様相談室	03-6911-8585
ラ ロッシュ ポゼ お客様相談室	03-6911-8572
ランコムお客様相談室	0120-483-666
RANDA	06-6451-1248
ランバン コレクション	0120-370-877
ルイールコーポレーション	03-5362-7230
ローラ メルシエ ジャパン	0120-343-432

※すべて税込み価格です。　※商品の情報は2021年11月時点のものであり、変更になる場合があります。

石川ユウキ　ヘア&メイクアップアーティスト

YUKI ISHIKAWA

ヘアサロン勤務、アシスタントを経てヘア&メイクアップアーティストとして独立。現在Three PEACE所属。韓国メイクを日本人女性向けに落とし込んだ「ハニルメイク」の考案者として話題に。韓国文化、韓国コスメに精通。タレント、俳優、アーティストなどからの指名も多く、メンズヘアメイクの分野でも活躍している。i-VOCEにて「石川ユウキの『なりたい顔』にマネメイク!」を連載中。この連載ではメイクイラストも手がける。美的.comのYouTubeチャンネルにてメイクアップ動画の配信も。著書に『誰でも簡単に可愛くアイドル級メイク』『HANIL MAKE-UP BOOK　ハニルメイクって知ってる?』がある。

ishikawayuki_hairmake

STAFF

撮影　小川健、樗木新（人物／ will creative）、上田祐輝（商品）
モデル　谷川りさこ
パーツモデル　松永みなみ（SATORU JAPAN）
スタイリング　内藤美由貴
イラスト　沢登 愛美
デザイン　藤原裕美、田村祥吾、田中清賀、渡邊萌、陳湘婷（ma-hgra）
取材・構成　豊澤恵
編集　小川唯（主婦の友社）

読《よ》むだけで韓《かん》ドラヒロインに近《ちか》づける
大人《おとな》の韓国女優《かんこくじょゆう》メイク

令和3年12月31日　第1刷発行
令和5年 2 月10日　第3刷発行

著者　石川《いしかわ》ユウキ
発行者　平野健一
発行所　株式会社主婦の友社
〒141-0021 東京都品川区上大崎 3-1-1 目黒セントラルスクエア
電話 03-5280-7537（編集）03-5280-7551（販売）
印刷所　大日本印刷株式会社

ISBN978-4-07-450080-2